GUIDE PRATIQUE

DES MAGISTRATS

PRÈS LES

...UNAUX DE SIMPLE POLICE

INDIQUANT PAR ORDRE ALPHABÉTIQUE

...LES CONTRAVENTIONS AVEC LES TEXTES DE LOI
...TICLES DES CODES PÉNAL, FORESTIER, DE PROCÉDURE CIVILE
ET D'INSTRUCTION CRIMINELLE

QUI Y SONT APPLICABLES

PAR M. FONTANT

JUGE DE PAIX

du canton de Coulanges-sur-l'Autize (Deux-Sèvres)

PRIX : 2 FRANCS

A PARIS,

BUREAU DU RECUEIL GÉNÉRAL DES JUSTICES DE PAIX

1872

GUIDE PRATIQUE

DES MAGISTRATS

PRÈS LES

TRIBUNAUX DE SIMPLE POLICE

GUIDE PRATIQUE

DES MAGISTRATS

PRÈS LES

TRIBUNAUX DE SIMPLE POLICE

INDIQUANT PAR ORDRE ALPHABÉTIQUE

LES CONTRAVENTIONS AVEC LES TEXTES DE LOI

ET LES ARTICLES DES CODES PÉNAL, FORESTIER, DE PROCÉDURE CIVILE

ET D'INSTRUCTION CRIMINELLE

QUI Y SONT APPLICABLES

PAR M. FONTANT

JUGE DE PAIX

du canton de Coulanges-sur-l'Autize (Deux-Sèvres)

PRIX : 2 FRANCS

A PARIS

BUREAU DU RECUEIL GÉNÉRAL DES JUSTICES DE PAIX

1872

GUIDE PRATIQUE

DES MAGISTRATS

PRÈS LES

TRIBUNAUX DE SIMPLE POLICE

ABANDON. — Abandon d'armes, de coutres, de charrue, pinces, barreaux ou autres machines, dans les rues, chemins, places, champs et lieux publics.

C. Pén., art. 471, n° 7, et 472.
Amende de 1 à 5 fr. et confiscation des armes ou autres instruments abandonnés.
Récidive : emprisonnement de 1 à 3 jours (C. Pén., art. 474).

L'abandon, dans les endroits indiqués ci-dessus, de toutes choses pouvant servir aux malfaiteurs, et notamment d'échelles, tombe sous l'application de l'art. 471, n° 7.

Abandon de bestiaux et de volailles sur la propriété d'autrui. — V. *Chèvres, Pigeons, Pacage.*

L. 28 sept. et 6 oct. 1791, tit. 2, art. 3 et 12, et L. 23 therm., an IV, art. 2.
Amende de la valeur de 3 journées de travail, ou emprisonnement de 3 jours.
Récidive : incompétence (L. 6 oct. 1791, tit. 2, art. 4, et L. 25 therm., an IV, art. 2).

Si des volailles à l'abandon causent du dommage, le propriétaire, le détenteur ou le fermier qui l'éprouve, peut les tuer, mais seulement sur le lieu et au moment du dégât, et seulement encore à la campagne.

Si la contravention avait été commise la nuit, le tribunal de police serait incompétent (L. 6, oct. 1791, tit. 2, art. 4).

ABANDON de voitures, bêtes de trait et d'animaux féroces.
— V. *Conducteurs de voitures, Divagation.*

AFFICHES-AFFICHEURS. — Enlèvement, avec intention mauvaise des affiches de l'administration.

C. Pén., art. 479, n° 9.
Amende de 11 à 15 fr.
Récidive : emprisonnement de 1 à 5 jours (C. Pén., art. 482).

Les contraventions n'existent qu'autant que l'affiche a été enlevée ou lacérée méchamment.

AFFICHAGE ou distribution d'affiches ou imprimés non timbrés.

L. 4 mai 1816, art. 69, et C. Pén., art. 474.
Emprisonnement de 1 à 3 jours.
Récidive : même pénalité.

Le tribunal de police n'est compétent que pour statuer sur le sort de ceux qui ont affiché ou distribué, et sa compétence cesse relativement à ceux qui ont fait afficher ou distribuer.

FAIT de placarder des affiches, quand il y a un afficheur délégué par l'autorité municipale.

C. Pén., art. 471, n° 15.
Amende de 1 à 5 fr.
Récidive : emprisonnement de 1 à 3 jours (C. Pén., art. 479).

Les arrêtés municipaux peuvent aussi défendre l'apposition d'affiches non autorisées par le maire, et la contravention à cette défense est réprimée aussi par l'art. 471, n° 15.

ANIMAUX.—Fait d'avoir tué ou blessé méchamment des animaux domestiques appartenant à autrui, pourvu toutefois :
1° Qu'il ne s'agisse ni de chevaux ou autres bêtes de voiture, de monture ou de charge, bestiaux à cornes, moutons, chèvres, porcs ou poissons dans les étangs ;
2° Que les animaux n'aient pas été tués sur le terrain de leur propriétaire.
3° Que les animaux tués ou blessés l'aient été sur le terrain du prévenu si ce sont des bestiaux (autres que ceux susdésignés) ou des chiens de garde.

C. Pén., art. 479, n° 1.
Amende de 11 à 15 fr.
Récidive : emprisonnement de 5 jours (C. Pén., art. 482).

Le tribunal de police serait incompétent, si les animaux tués ou blessés étaient de ceux désignés ci-dessus, ou s'ils avaient été tués dans les lieux indiqués (C. Pén., art. 452, 453 et 454 et L. 6 oct. 1791, tit, 1, art 30).

Il n'y aurait pas contravention, si l'on tuait chez soi, au moment même où il commet des dégradations, un animal appartenant à autrui (Cass., 17 nov. 1855). — V. *Pigeons*.

FAIT d'avoir tué ou blessé involontairement des animaux ou bestiaux appartenant à autrui :

1° Par l'effet de la divagation des fous ou furieux et d'animaux malfaisants ou féroces, ou par la rapidité ou la mauvaise direction ou le chargement excessif des voitures, chevaux, bêtes de charge ou de monture (n° 2) ;

2° Par l'emploi ou l'usage d'armes sans précaution ou avec maladresse ou par jet de pierres et autres corps durs (n° 3) ;

— 3° Par la vétusté, la dégradation, le défaut de réparation ou d'entretien de maisons ou édifices, ou par l'encombrement ou l'excavation ou telles autres œuvres dans ou près des rues, chemins publics ou voies publiques, sans les précautions ou signaux d'usage (n° 4).

C. Pén., art. 479, n°⁵ 2, 3, 4.

Amende de 11 à 15 fr.

Emprisonnement de 1 à 5 jours, contre ceux qui ont occasionné la mort ou la blessure des animaux appartenant à autrui, par l'emploi ou l'usage d'armes, sans précaution ou avec maladresse, ou par jet de pierres ou autres corps durs (C. Pén., art. 480).

Récidive : emprisonnement de 5 jours (C. Pén., art. 482).

L'art. 479 est général quant à l'objet auquel il s'applique : ainsi il embrasse les animaux de toutes espèces, sauvages ou domestiques, bestiaux ou bêtes de somme, quadrupèdes et oiseaux de basse-cour (Nicias-Gaillard).

A moins de récidive, l'emprisonnement ne peut être prononcé que dans les cas indiqués ci-dessus. — V. *Divagation*.

DÉFAUT d'enfouissement des animaux morts.

L. 6 oct. 1791, art. 13, et L. 28 therm. an IV, art. 2.

Amende de la valeur de 3 journées de travail, et condamnation à payer les frais d'enfouissement.

Récidive : amende doublée (L. 6 oct. 1791, tit. 2, art. 4, et L. du 28 therm. an IV, art. 2).

Les animaux morts doivent être enfouis, dans la journée, à quatre pieds de profondeur, par le propriétaire et dans son terrain, ou voiturés à l'endroit désigné par la municipalité, pour y être également enfouis (L. 6 oct. 1791, tit. 2, art. 13).

Si l'animal, non enfoui, était mort à la suite d'une maladie contagieuse, le tribunal de police serait incompétent (C. Pén., art. 459, 460, 461).

DIVAGATION d'animaux malfaisants ou féroces. — V. *Divagation.*

MAUVAIS traitements envers les animaux domestiques.

L. 2 juill. 1850.
Amende 5 à 15 fr. et suivant les cas emprisonnement de 1 à 5 jours.
Récidive : même pénalité.

Toutes les fois que des actes quelconques ont occasionné aux animaux des souffrances inutiles, il y a lieu d'appliquer la loi du 2 juill. 1850.

APPRENTISSAGE. — Contravention aux articles suivants de la loi du 4 mars 1851 :

Art. 4. Nul ne peut recevoir des apprentis mineurs s'il n'est âgé de vingt et un ans au moins.

Art. 5. Aucun maître, s'il est célibataire ou en état de veuvage, ne peut loger comme apprenties des jeunes filles mineures.

Art. 6. Sont incapables de recevoir des apprentis : les individus qui ont subi une condamnation pour crime ; ceux qui ont été condamnés pour attentat aux mœurs ; ceux qui ont été condamnés à plus de trois mois d'emprisonnement pour délits prévus par les art. 388, 401, 405, 406, 407, 408, 423 du C. Pén.

Art. 9. La durée du travail effectif des apprentis, âgés de moins de quatorze ans, ne pourra dépasser dix heures par jour ; pour les apprentis de quatorze à seize ans, elle ne pourra dépasser douze heures. Aucun travail de nuit ne peut être imposé aux apprentis âgés de moins de seize ans. Les dimanches et jours de fêtes reconnues ou légales, les apprentis, dans aucun cas, ne peuvent être tenus, vis-à-vis de leur maître, à aucun travail de leur profession. Dans le cas où l'apprenti serait obligé, par suite des conventions ou conformément à l'usage, de ranger l'atelier aux jours ci-dessus marqués, ce travail ne pourra se prolonger après dix heures du matin.

Art. 10. Si l'apprenti âgé de moins de seize ans ne sait pas lire, écrire ou compter, ou s'il n'a pas encore terminé sa première éducation religieuse, le maître est tenu de lui laisser prendre, sur la journée de travail, le temps et la liberté nécessaires pour son instruction, sans que ce temps puisse excéder deux heures par jour.

L. 4 mars 1851, art. 20.

Amende de 5 à 15 fr.

Récidive : pour contravention aux art. 4, 5, 9 et 10 : emprisonnement de 1 à 5 jours ; pour contravention à l'art. 6 incompétence (L. 4 mars 1851, art. 20).

(Il y a récidive lorsqu'il aura été rendu contre le contrevenant, dans les 12 mois précédents, un jugement pour contravention à la même loi.)

L'incapacité résultant de l'art. 6 peut être levée par le préfet, sur l'avis du maire, quand le condamné a, pendant trois ans, après l'expiration de sa peine, résidé dans la même commune (art. 7 de la loi).

Les art. 388, 401, 405, 406, 407, 408 et 423 du C. Pén., énoncés ci-dessus, punissent le vol, l'escroquerie, l'abus de confiance et la tromperie sur le titre des matières d'or et d'argent, la nature ou la quantité de la chose vendue.

Est considéré comme travail de nuit, tout travail fait entre 9 heures du soir et 5 heures du matin.

Les fêtes légales sont : Noël, l'Ascension, l'Assomption et la Toussaint.

ARTIFICES (PIÈCES D'). — Violation de la défense de tirer en certains lieux des pièces d'artifices.

C. Pén., art. 471, n° 2, 472 et 473.

Amende de 1 à 5 fr., confiscation des pièces d'artifices saisies et emprisonnement de 1 à 3 jours.

Récidive : même pénalité (C. Pén., art. 474).

L'existence d'un règlement défendant expressément de tirer des pièces d'artifices est nécessaire pour qu'il y ait contravention.

ATTROUPEMENTS. — Fait d'avoir fait partie d'un attroupement non armé sur la voie publique, et de ne s'être pas retiré après la première sommation de l'autorité, ou de s'être retiré seulement après le roulement de tambour qui précède la seconde sommation.

L. 10 avr. 1831, art. 2, et C. Pén., art. 465 et 466.
Amende de 1 à 15 fr. et emprisonnement de 1 à 5 jours.
Récidive : même pénalité.

Le tribunal de police serait incompétent, si l'attroupement était armé ; il serait encore incompétent pour statuer sur le sort d'un prévenu qui n'aurait pas abandonné l'attroupement aussitôt après le roulement de tambour précédant la seconde sommation (L. 9 juin 1848).

AUBERGISTE. — V. *Éclairage, Registres.*

AUDIENCE. — Signes d'approbation ou d'improbation donnés à l'audience.

C. Inst. cr., art. 504.
Expulsion du prétoire et, en cas de récidive, arrestation et conduite dans la maison d'arrêt, pour y être détenu 24 heures.

Manque de respect envers le juge de paix.

C. Proc. civ., art. 10.
Amende n'excédant pas 10 fr. et affichage du jugement (le nombre des exemplaires, des affiches, ne pouvant excéder celui des communes du canton).

Irrévérence grave envers le juge de paix.

C. Proc. civ., art. 11.
Emprisonnement de 1 à 3 jours.

Les conclusions du ministère public ne sont pas de rigueur.
Pour délits commis à l'audience, le tribunal de police est compétent, malgré l'élévation de la peine, à la condition de prononcer la condamnation séance tenante.

Quand un délit d'outrage est commis à l'audience, le magistrat qui préside doit suspendre l'instruction dont il est occupé et appliquer la peine au coupable du délit.

Toutefois, le juge de paix peut, s'il le préfère, rédiger un procès-verbal des faits et renvoyer le prévenu devant le tribunal compétent.

Outrages à l'audience et dans l'exercice de leurs fonctions;
1° A un magistrat par paroles ;

C. Inst. cr., art. 505, et C. Pén., art. 222.
Emprisonnement de 2 ans à 5 ans. — V. C. Pén., art. 226.

2° A un magistrat par gestes ou menaces ;

C. Inst. cr., art. 505, et C. Pén., art. 222.
Emprisonnement de 1 mois à 2 ans. = V. C. Pén., art. 226.

3° A un fonctionnaire public ou à un témoin ;

L. 25 mars 1822, art. 6.
Amende de 50 fr. à 2,000 fr. et emprisonnement de 15 jours à 2 ans.

4° A tout officier ministériel ou agent de la force publique, par paroles, gestes ou menaces. — V. C. Pén., art 225 ;

C. Pén., art. 224.
Amende de 16 à 200 fr.

Coups portés à l'audience à un magistrat en fonctions.

C. Pén., art. 228.
Emprisonnement de 5 ans, privation, selon les cas, des droits civils, civiques et de famille (V. C. Pén., art. 42), et mise sous la surveillance de la police pour 5 ans au moins et 10 ans au plus.

Dans les cas ci-dessus, les conclusions du ministère public ne sont pas de rigueur.

Pour délits commis à l'audience, le tribunal de police est compétent malgré l'élévation de la peine, à la condition de prononcer la condamnation séance tenante. — Le juge de paix peut, s'il ne veut pas punir lui-même, dresser procès-verbal des faits, et renvoyer le coupable devant le juge compétent.

BACS ET BATEAUX, PONTS. — Fait par un adjudicataire ou marinier ou toute autre personne employée au service des bacs, de ne pas s'être conformé aux dispositions de police administrative et de sûreté contenues dans la loi du 5 frimaire an VII ou dans les ordonnances et règlements des autorités compétentes.

L. 6 frim., an VII, art. 51.
Amende de la valeur de 3 journées de travail.
Récidive : même pénalité.

FAIT par les adjudicataires, mariniers et autres personnes employées au service des bacs et bateaux, d'exiger des sommes supérieures à celles du tarif.

L. 6 frim. an VII, art. 52.

Amende de la valeur de 1 à 3 journées de travail; emprisonnement de 1 à 3 jours ; impression et affichage du jugement aux frais du contrevenant.

Récidive : incompétence (art. 52 de la loi).

FAIT par une personne de s'être soustraite au payement des sommes portées au tarif.

L. 6 frim. an VII, art. 56.

Amende de la valeur de 1 à 3 journées de travail.

Récidive : emprisonnement de 1 à 3 jours, outre l'amende, et affichage du jugement aux frais du contrevenant (art. 56 de la loi).

FAIT d'avoir aidé ou favorisé la fraude ou concouru à des contraventions aux lois sur la police des bacs.

L. 6 frim. an VII, art. 58.

Même pénalité que celles encourues par les auteurs des fraudes ou contraventions.

Les adjudicataires seront, dans tous les cas, civilement responsables des restitutions, dommages et intérêts, amendes et condamnations pécuniaires prononcées contre leurs préposés ou mariniers (art. 54 de la loi).

Si l'exaction a été accompagnée d'injures, violences, menaces ou voies de fait, le tribunal de police est incompétent.

Si la personne poursuivie prétend avoir droit au passage, à raison de sa qualité ou de ses fonctions, le juge de police doit renvoyer les parties devant le juge de paix comme juge civil (Cass., 26 août 1826).

Il y a récidive, lorsqu'il aura été rendu dans les 12 mois précédents un premier jugement pour contravention à la même loi.

BALAYAGE. — Défaut de balayage dans les communes où ce soin est laissé à la charge des habitants.

C. Pén., art. 471, n° 3.

Amende de 1 à 5 fr.

Récidive : emprisonnement de 1 à 3 jours (C. Pén., art. 474).

Peu importe que la maison soit habitée (Cass., 7 avr. 1864).

L'entrepreneur de balayage est tenu comme les personnes auxquelles il a été substitué.

BANS DES VENDANGES. — Inobservation des bans des vendanges et autres autorisés.

C. Pén., art. 475, n° 1.
Amende de 6 à 10 fr.
Récidive : emprisonnement de 1 à 5 jours (C. Pén., art. 478).

Le propriétaire peut cueillir, dans sa vigne non close, avant l'époque fixée pour l'ouverture de la vendange, les raisins destinés aux besoins de lui et de sa famille (Cass. 9 févr. 1856).

BESTIAUX. — Conduite de bestiaux, non gardés à vue, sur le terrain d'autrui.

C. Pén., art. 479, n° 10.
Amende de 10 à 15 fr.
Récidive : emprisonnement de 5 jours (C. Pén., art. 482). — V. *Pacage, Passage.*

BLÉS. — Destruction, par tous autres moyens qu'en les coupant, de petites parties de blés en vert, sans intention mafeste de les voler.

L. 6 oct. 1791, art. 28, et L. 28 therm. an IV, art. 2.
Amende égale à la valeur du dédommagement ou emprisonnement de 3 jours.
Récidive : incompétence (L. 6 oct. 1791, tit. 2, art. 4, et L. 23 therm. an IV, art. 2).

Le tribunal de police n'est compétent qu'autant que le dommage évalué dans la demande de la partie lésée, ou par des procès-verbaux, n'excède pas 15 fr.

Si la contravention avait été commise la nuit, ou si le blé avait été coupé, le tribunal de simple police serait incompétent (L. 6 oct. 1791, tit. 2, art. 4; C. Pén., art. 449 et 450).

BOBINAGE. — V. *Étoffes.*

BOIS ET FORÊTS DES PARTICULIERS. — Fait par les usagers d'user de leurs droits de pâturage et de panage pour les bestiaux autres que ceux destinés à leur propre usage, et notamment pour des bestiaux dont ils font commerce :
1° Le jour, dans un bois ayant plus de dix ans.

C. For., art. 70 et 199.
Amende : 2 fr. pour un cochon ; 4 fr. pour une bête à laine ; 6 fr. pour un cheval ou une bête de somme ; 8 fr. pour une chèvre ; 10 fr. pour un bœuf, une vache ou un veau.
Récidive : amende doublée (C. For., art. 201).

2° La nuit ou dans un bois âgé de moins de dix ans.

C. For., art. 70, 199 et 201.
Amende : 4 fr. pour un cochon ; 8 fr. pour une bête à laine ;
12 fr. pour un cheval ou une bête de somme.
Récidive : amende doublée (C. For., art. 201).

Le tribunal de police serait incompétent.
1° Si les bestiaux trouvés dans un bois de moins de dix ans,
ou trouvés la nuit, étaient : une chèvre, un bœuf, une vache
ou un veau ;
2° S'il s'agissait de tout autre animal que d'un cochon, dans
le cas où la contravention aurait été commise la nuit dans un
bois âgé de moins de dix ans ;
3° En cas de récidive, si la première peine prononcée était
de 8, 10 ou 12 fr. d'amende.

Fait par les usagers d'avoir conduit eux-mêmes ou d'avoir
fait conduire leurs bestiaux par d'autres que par les pâtres
communs désignés par l'autorité municipale :
1° Le jour.

C. For., art. 72.
Amende de 2 fr. par chaque tête de bétail.
Récidive : amende doublée (C. For., art. 201).

2° La nuit.

C. For., art. 72 et 201.
Amende de 4 fr. par chaque tête de bétail.
Récidive : amende doublée (C. For., art. 201).

Fait par le pâtre d'avoir laissé se mêler et former un seul
troupeau, les bestiaux de deux communes ou sections de communes, et ce pendant le jour.

C. For., art. 72.
Amende de 5 à 10 fr.
Récidive : incompétence.

Le tribunal de police serait incompétent, si la contravention
avait eu lieu la nuit (C. For., art. 201).

Fait de n'avoir pas marqué les porcs et bestiaux admis
au pâturage dans les bois et forêts, d'une marque particulière
à chaque commune ou section de commune.

C. For., art. 73.

Amende de 3 fr. par tête de bétail non marquée.
Récidive : amende doublée (C. For., art. 201).

C'est le propriétaire et non le pâtre qui est passible de l'amende.

ANIMAUX admis au pâturage dans les bois et forêts, trouvés dans ces bois, sans clochette suspendue à leur cou.

1° Le jour.

C. For., art. 75.
Amende de 2 fr. par chaque bête trouvée sans clochette.
Récidive : amende doublée (C. For., art. 201).

2° La nuit.

C. For., art. 75 et 201.
Amende de 4 fr. par chaque bête trouvée sans clochette.
Récidive : amende.doublée (C. For., art. 201).

La clochette n'est pas obligatoire pour les animaux admis au panage.

FAIT par les usagers, nonobstant tous titres et possessions, de conduire ou faire conduire pendant le jour des chèvres, brebis ou moutons ;

1° Dans les forêts ayant plus de 10 ans ou dans les terrains qui en dépendent.

C. For., art. 78 et 199.
Amendes : 1° au compte du propriétaire : 4 fr. pour une bête à laine et 8 fr. pour une chèvre;
2° Au compte du pâtre : 15 fr.
Récidive : incompétence (C. For., art. 201).

2° Dans les forêts ayant moins de 10 ans ou dans les terrains qui en dépendent.

C. For., art. 78 et 199.
Amendes : 1° au compte du propriétaire : 3 fr. pour une bête à laine ;
2° Au compte du pâtre : 15 fr.
Récidive : incompétence (art. 201).

Le tribunal de police serait incompétent :
1° Si la contravention avait eu lieu la nuit;
2° Si une chèvre avait été conduite, même de jour, dans une forêt de moins de 10 ans ou dans ses dépendances.

FAIT par ceux qui n'ont d'autres droits que celui de prendre le bois mort, sec et gisant, de s'être servi pour l'exercice de ce droit de crochets ou ferrements :

1° Le jour.

C. For., art. 80.
Amende de 3 fr.
Récidive : amende de 6 fr. (C. For., art. 201).

2° La nuit.

C. For., art. 80 et 201.
Amende de 6 fr.
Récidive : amende de 11 fr. (C. For., art. 201).

L'art. 80 du Code forestier prohibe aussi l'emploi de crochets en bois.

Les usagers au bois mort ne peuvent s'introduire dans les forêts avec des instruments propres à couper le bois, et la possession de l'un de ces instruments, au moment de l'enlèvement, constitue la contravention (Cass., 7 mars 1829).

Coupe ou enlèvement, pendant le jour, de chênes, hêtres, charmes, ormes, frênes, érables, platanes, pins, sapins, mélèzes, châtaigniers, aliziers, noyers, sorbiers, cormiers, merisiers et autres arbres fruitiers, ayant 2 décimètres de tour et au-dessus à 1 mètre du sol (C. For., art. 192 et 198).

Fait d'avoir échouppé, écorcé ou mutilé des arbres rentrant dans la catégorie ci-dessus (C. For., art. 196, 192, 198).

Fait d'avoir enlevé des chablis ou bois de délit rentrant dans ladite catégorie (C. For., art. 197, 192 et 198).

Fait par les usagers qui ont droit à des livraisons de bois, rentrant dans ladite catégorie, d'avoir pris ces bois, avant que la livraison ne leur en ait été faite (C. For., art. 79, 192, 193).

C. For., art. 79, 192, 194, 196, 197 et 198.
Amende : par chaque arbre, de 1 fr. pour chacun des deux premiers décimètres de circonférence et de 10 cent. ensuite par chacun des autres décimètres ; restitution du bois enlevé ; confiscation des haches, serpes, cognées et autres instruments de même nature, dont les délinquants et leurs complices ont été trouvés munis. Emprisonnement de 1 à 5 jours, suivant les cas.
Récidive : incompétence (C. For., art. 201).

Le tribunal de police serait incompétent :

1° Si un seul des arbres coupés ou enlevés avait plus de 8 décimètres de circonférence (l'amende étant pour 9 décimètres de 15 fr. 30 c.) ;

2° Si la contravention avait été commise la nuit (C. For., art. 201) ;

3° Si les contrevenants avaient fait usage de la scie pour couper les arbres (C. For., art. 201) ;

4° Si plusieurs arbres avaient été enlevés simultanément et si, dans ce cas, le total des amendes, devant être prononcées à raison de tant par arbre, excédait 15 fr. — Dans le cas où les arbres auraient été enlevés ou façonnés, le tour en serait mesuré sur la souche, et si la souche avait été également enlevée, le tout serait calculé dans la proportion d'un cinquième en sus de la dimension totale des quatre faces de l'arbre équarri.

Si l'arbre et la souche avaient disparu, l'amende serait calculée suivant la grosseur de l'arbre arbitrée par le tribunal, d'après les documents du procès (C. For., art. 193).

Coupe ou enlèvement, pendant le jour, d'arbres autres que : chênes, hêtres, charmes, ormes, frênes, érables, platanes, pins, sapins, mélèzes, châtaigniers, aliziers, noyers, sorbiers, cormiers, merisiers et arbres fruitiers ayant 2 décimètres de tour et au-dessus, à 1 mètre du sol (C. For., art. 191 et 198).

Fait d'avoir échouppé, écorcé ou mutilé des arbres rentrant dans la catégorie ci-dessus (C. For., art. 196, 192, 198).

Enlèvement de chablis ou bois de délit, rentrant dans ladite catégorie (C. For., art. 197, 192, 198).

Fait par les usagers qui ont droit à des livraisons de bois rentrant dans ladite catégorie, d'avoir pris ces bois avant que la livraison ne leur en ait été faite (C. For., art. 79, 192 et 198).

C. For., art. 79, 192, 194, 196, 197 et 198.

Amende : par chaque arbre de 30 centimes pour chacun des deux premiers décimètres de circonférence et de 5 centimes ensuite par chacun des autres décimètres ; restitution du bois enlevé ; confiscation des haches, serpes, cognées et autres instruments de même nature, dont les délinquants et leurs complices auraient été trouvés munis. Emprisonnement de 1 à 5 jours, suivant les cas.

Récidive : incompétence (C. For., art. 201).

Le tribunal de police serait incompétent :

1° Si l'un des arbres coupés ou enlevés avait plus de 13 décimètres de circonférence (l'amende étant pour 14 décimètres de 15 fr. 40 cent.).

2° Si la contravention avait été commise la nuit (C. For., art. 201);

3° Si les contrevenants avaient fait usage de la scie pour couper les arbres (C. For., art, 201);

4° Si plusieurs arbres étaient enlevés simultanément, et si, dans ce cas, le total des amendes, devant être prononcées à raison de tant par arbre, excédait 15 fr.

Dans le cas où les arbres auraient été enlevés ou façonnés, V. article précédent.

Coupe ou enlèvement, pendant le jour, d'arbres ayant moins de 2 décimètres de tour (C. For., art. 194 et 198).

Fait d'avoir échouppé, écorcé ou mutilé des arbres ayant moins de 2 décimètres de tour (C. For., art. 198, 194 et 196).

Enlèvement de chablis ou bois de délit, rentrant dans la catégorie des arbres ci-dessus (C. For., art. 197, 192 et 198).

Fait par les usagers qui ont droit à des livraisons de bois ayant moins de 2 décimètres de tour, d'avoir pris ces bois avant que la livraison ne leur en ait été faite (C. For., art. 79, 194 et 198).

C. For., art. 79, 194, 196 et 198.

Amende de : 10 fr. par bête attelée pour chaque charretée ; 5 fr. pour chaque charge de bête de somme ; 2 fr. pour chaque fagot, fouée ou charge d'homme ; restitution du bois enlevé ; confiscation des haches, serpes, cognées et autres instruments de même nature dont les délinquants et leurs complices auraient été trouvés munis. Emprisonnement de 1 à 5 jours, suivant les cas.

Récidive : incompétence (C. For. art. 201).

Le tribunal de police serait incompétent :

1° Si la contravention avait été commise la nuit (C. For., art. 201).

2° Si les contrevenants avaient fait usage de la scie pour couper les arbres (C. For., art 201);

3° S'il s'agissait d'arbres semés ou plantés dans les forêts depuis moins de 5 ans (C. For., art. 194);

4° Si la contravention avait été commise à l'aide d'une voiture traînée par plusieurs bêtes.

Alors même qu'il faudrait plusieurs fagots pour composer la charge d'un homme, le tribunal devrait appliquer l'amende de 2 fr. autant de fois qu'il y aurait de fagots (Cass., 20 mars 1828).

EXTRACTION ou enlèvement non autorisé, dans les bois et forêts, de pierres, sables, minerai, terre ou gazon, tourbe, bruyère, genets, herbages, feuilles vertes ou mortes, engrais existant sur le sol des forêts, glands, faines et autres fruits ou semences des bois et forêts, et ce pendant le jour.

C. For., art. 144 et 198.

Amende de : 5 à 15 fr. par chaque charge de bête de somme ; 2 à 6 fr. par chaque charge d'homme ; restitution des produits enlevés ; confiscation des haches, serpes, cognées et autres instruments de même nature dont les délinquants et leurs complices auraient été trouvés munis. Emprisonnement de 1 à 3 jours, suivant les cas.

Récivide : incompétence (C. For., art. 201).

Le tribunal de police serait incompétent :

1° Si la contravention avait été commise la nuit (C. For., art. 201) ;

2° Si cette contravention avait été commise à l'aide d'une voiture ou de plusieurs bêtes de somme formant en quelque sorte un convoi.

FAIT d'avoir été trouvé le jour dans les bois et forêts, hors des routes et chemins ordinaires, avec serpes, cognées, haches, scies et autres instruments de même nature.

C. For., art. 146.

Amende de 10 fr., confiscation des instruments.

Récidive : incompétence.

Le tribunal de police serait incompétent si la contravention avait eu lieu la nuit.

VOITURES trouvées hors des routes et chemins ordinaires, et dans un bois âgé de plus de 10 ans.

C. For,, art. 147.

Amende de 10 fr. par voiture.

Récidive : incompétence (C. For., art. 209).

Le tribunal de police serait incompétent si la contravention avait été commise : 1° la nuit ; 2° dans un bois ayant moins de 10 ans.

Animaux trouvés en délit dans les bois et forêts :

1° Le jour et dans un bois âgé de plus de 10 ans.

C. For., art. 199.

Amende de : 1 fr. pour un cochon ; 2 fr. pour une bête à laine ; 3 fr. pour un cheval ; 4 fr. pour une chèvre ; 5 fr. pour un bœuf, une vache ou un veau,

Récidive : amende doublée (C. For., art. 201).

2° La nuit ou dans un bois âgé de moins de 10 ans.

C. For., art. 199 et 201.

Amende de : 2 fr. pour un cochon ; 4 fr. pour une bête à laine ; 6 fr. pour un cheval ; 8 fr. pour une chèvre ; 10 fr. pour un bœuf, une vache ou un veau.

Récidive : amende doublée (C. For., art. 201).

Le tribunal de police serait incompétent :

1° Si une chèvre, un bœuf, une vache ou un veau avaient été trouvés la nuit dans un bois âgé de moins de 10 ans :

2° En cas de récidive, si la première peine prononcée était une amende de 8 à 10 fr.

BOULANGERS ET BOUCHERS. — Fait par les boulangers et bouchers d'avoir vendu plus cher que le prix fixé par la taxe légalement faite et publiée.

C. Pén., art. 479, n° 6, et 480, n° 3.

Amende de 11 à 15 fr. et, suivant les cas, emprisonnement de 1 à 5 jours.

Récidive : emprisonnement de 5 jours (C. Pén., art. 482).

Le fait d'avoir vendu au-dessous de la taxe, ne tomberait pas sous l'application de l'art 471, n° 15, du C. Pén. (Cass. 11 mars 1852.)

BRUIT OU TAPAGE. — Bruit ou tapage injurieux ou nocturne, troublant la tranquillité des habitants.

C. Pén., art. 479, n° 8 et 480, n° 5.

Amende de 11 à 15 fr. et, suivant les cas, emprisonnement de 1 à 5 jours.

Récidive : emprisonnement de 5 jours (C. Pén., art. 482).

Pour que le bruit soit punissable, il faut : ou qu'il ait été commis la nuit, ou qu'il soit injurieux, et qu'à l'une de ces conditions, il joigne celle de troubler la tranquillité.

Les bruits sont considérés comme nocturnes, après le coucher du soleil.

CHEMINÉES. — V. *Fours.*

CHEMINS PUBLICS. — Dégradation, usurpation et détérioration des chemins publics.

Enlèvement sans autorisation de gazons, terres ou pierres sur les chemins publics.

C. Pén., art. 479 n°° 11 et 12, et C. Inst. cr., art. 161.

Amende de 11 à 15 fr. et condamnation du contrevenant à rétablir à ses frais les lieux dans leur état primitif.

Récidive : emprisonnement de 5 jours (C. Pén., art. 482).

Le tribunal de police est compétent pour connaître des contraventions commises sur les chemins de grande communication, comme de celles commises sur les autres chemins vicinaux (Cass., 2 mars 1837).

L'inondation d'un chemin est une détérioration. — V. *Dommage aux propriétés mobilières.*

CHÈVRES. — Fait d'avoir, dans un pays de parcours ou de vaine pâture, où les chèvres ne sont pas en troupeau commun, mené au champ des chèvres sans qu'elles soient attachées :

1° Le jour.

L. 6 oct. 1791, art. 18, et L. 23 therm. an IV, art. 2.

Amende de la valeur d'une journée de travail par chaque chèvre, sans que cette amende puisse être inférieure à la valeur de 3 journées de travail.

Récidive : amende doublée (L. 6 oct. 1791, tit. II, art. 4, et L. 23 therm. an IV, art. 2).

2° La nuit.

L. 6 oct. 1791, art. 18 et 4, et L. 23 therm., an IV, art. 2.

Amende de la valeur de 2 journées de travail par chaque chèvre, sans que cette amende puisse être inférieure à la valeur de 3 journées de travail.

Récidive : amende doublée (L. 6 oct. 1791, tit. II, art. 4 et L. 23 therm., an IV, art. 2).

Le tribunal de police serait incompétent :

1° Si le total des amendes prononcées à raison de tant par chaque tête de bétail excédait 15 fr. ;

2° Si les chèvres non attachées avaient fait du mal aux ar-

bres, haies, vignes, jardins, etc. (L. 6 oct. 1791, art. 18). **V.** *Abandon, Pacage, Bois et forêts.*

Dans les lieux non sujets au parcours ou à la vaine-pâture, c'est l'article 479, n° 10, qui serait applicable au fait d'avoir conduit une chèvre sur l'héritage d'autrui.

CHIENS. — Excitation des chiens contre les passants, ou défaut de les retenir lorsqu'ils attaquent ou poursuivent les passants, quand même il n'en serait résulté aucun mal ni dommage.

C. Pén., art. 475, n° 7.
Amende de 6 à 10 fr.
Récidive : emprisonnement de 1 à 5 jours (C. Pén., art. 478).

Le tribunal de police serait incompétent si le chien avait occasionné des blessures.

ABANDON de chiens. — V. *Divagation.*

CHOSES INSALUBRES ET NUISIBLES. — Jet ou exposition au devant des édifices, de choses de nature à nuire par leur chute ou leurs exhalaisons insalubres.

C. Pén., art. 471, n° 6.
Amende de 1 à 5 fr.
Récidive : emprisonnement de 1 à 3 jours (C. Pén., art. 474).

Si les choses jetées avaient atteint quelqu'un, V. *Jet.*

Quand un règlement permet l'exposition sous certaines conditions, le juge de police ne peut accepter comme excuse que les précautions prescrites par le règlement (N. Gaillard et Dalloz).

CIRCONSTANCES ATTÉNUANTES. — Les circonstances atténuantes admises par le tribunal lui permettent d'abaisser la peine jusqu'au minimum de l'amende, soit 1 fr., même en cas de récidive (C. Pén., art. 463).

Elles sont applicables : à toutes les contraventions prévues et punies par le Code pénal, mais elles ne peuvent être admises pour contraventions prévues et réprimées par des lois spéciales, à moins que celles-ci ne le disent formellement.

Notamment :

Les circonstances atténuantes peuvent être appliquées aux contraventions prévues et réprimées par les lois du

4 mars 1851 (apprentissage), du 30 mai 1851 (police du roulage), du 2 juillet 1850 (mauvais traitements envers les animaux).

Elles ne peuvent l'être aux contraventions prévues et punies par les lois du 6 octobre 1791 (police rurale), du 3 brumaire an IV (voies de fait), du 22 mars 1841 (travail des enfants dans les manufactures), du 7 mars 1850 (bobinage, tissage), aux contraventions forestières.

CITATIONS. — Les citations doivent être faites à la requête du ministère public ou de la partie qui réclame ; elles sont notifiées par un huissier (C. Inst. cr., art. 145).

Elles ne peuvent être données à un délai moindre de 24 heures outre un jour pas 3 myriamètres, le tout à peine de nullité de la citation et du jugement qui serait rendu par défaut. Néanmoins cette nullité ne peut être prononcée qu'à la première audience, avant toute exception. — Dans les cas urgents, les délais peuvent être abrégés et les parties citées à comparaître, même dans le jour et à l'heure indiquée, en vertu d'une cédule délivrée par le juge de paix (C. Inst. cr., art. 146). Les parties peuvent comparaître volontairement, sur un simple avertissement, sans qu'il soit besoin de citation (C. Inst. cr., art. 147).

COALITIONS. — Fait par les moissonneurs, domestiques et ouvriers de la campagne, de s'être ligués entre eux pour faire hausser et déterminer le prix des gages et salaires.

L. 6 oct. 1791, art. 40, et L. 23 therm. an IV, art. 2.
Amende de la valeur de 3 à 12 journées de travail et emprisonnement de 3 jours.
Récidive : incompétence (L. 6 oct. 1791, tit. II, art, 4, et L. 23 therm. an IV, art. 2).

Le tribunal de police n'est compétent, qu'autant que la valeur de la journée de travail n'excède pas 1 fr. 25 c., autrement l'amende représentant la valeur de 12 journées de travail excéderait 15 fr.

COMPÉTENCE. — Les tribunaux de police sont compétents pour réprimer tous les faits punis par la loi d'une amende de 15 fr. et au-dessous et d'un emprisonnement de 5 jours et au-dessous. Ces faits sont des contraventions.

CONDUCTEURS DE VOITURES, BÊTES DE TRAIT, etc. —

Abandon de bêtes de trait, de charge ou de monture, non attelées, sur la voie publique.

C. Pén., art. 475, n° 3, et 476.
Amende de 6 à 10 fr. et, suivant les cas, emprisonnement de 1 à 3 jours.

Récidive : emprisonnement de 1 à 5 jours (C. Pén., art. 478).

La peine ci-dessus est applicable quels que soient la route ou le chemin où la contravention a été commise.

ABANDON (défaut de direction), sur les routes nationales, les routes départementales ou les chemins de grande communication,

1° de voitures attelées ne servant pas au transport des personnes. (Police du roulage.)

L. 30 mai 1851, art. 2. § 2, n° 3, et art. 5, et décr. du 10 août 1852, art. 14.
Amende de 6 à 10 fr. et emprisonnement de 1 à 3 jours.
Récidive : amende de 6 à 15 fr. et emprisonnement de 1 à 5 jours (art. 5 de la loi).

2° De voitures particulières attelées servant au transport des personnes.

C. Pén., art. 474, n° 3 et 476.
Amende de 6 à 10 fr. et emprisonnement de 1 à 3 jours.
Récidive : emprisonnement de 1 à 5 jours.

ABANDON (défaut de direction) sur les chemins dépendant de la petite voirie, de voitures attelées quelles qu'elles soient.

Ord. roy. du 4 fév. 1786 ; C. Pén., art. 475, n° 3, et 476.
Amende de 6 à 10 fr. et, suivant les cas, emprisonnement de 1 à 3 jours.

L'abandon d'une voiture non attelée, sur la voie publique donnerait lieu à l'application de l'art. 471, n° 4, du Code pénal.

Le tribunal de police serait incompétent, relativement à l'abandon d'une voiture de messageries sur une route nationale, départementale, ou un chemin de grande communication.

ÉCLAIRAGE (défaut d') sur les routes nationales, les routes départementales ou les chemins de grande communication :
1° de voitures en marche, ne servant pas au transport des personnes (Police du roulage).

L. 30 mai 1851, art. 2, § 2, n° 5, et art. 5, et décr. du 10 août 1852, art. 15.

Amende de 6 à 10 fr., et emprisonnement de 1 à 3 jours.

Récidive : amende 6 à 15 fr. et emprisonnement de 1 à 5 jours (L. 30 mai 1851, art. 5).

2° De voitures particulières, en marche, servant au transport des personnes, à la condition qu'un arrêté du préfet, pris en conformité du décret du 24 févr. 1858, prescrive l'éclairage.

C. Pén., art. 471, n° 15.

Amende de 1 à 5 fr.

Récidive : emprisonnement de 1 à 3 jours.

L'éclairage doit avoir lieu au moyen d'une lanterne allumée fixée à la voiture.

Le tribunal serait incompétent si la voiture non éclairée était une voiture de messagerie.

La nuit est le temps qui s'écoule depuis le coucher jusqu'au lever du soleil ; cependant un arrêt de la Cour de cassation, du 7 juin 1860, semble laisser au juge du fait le droit de déterminer le temps de nuit.

Le clair de lune n'est pas une excuse à la contravention.

Si les voitures marchent en convoi, il suffit que la première soit pourvue d'une lanterne allumée.

PLAQUE (défaut de) (en métal, portant, en caractères apparents et lisibles, ayant au moins 5 millimètres de hauteur, les nom, prénoms et profession du propriétaire, le nom de la commune, du canton et du département de son domicile, et posée en avant des roues au côté gauche de la voiture) aux voitures, en marche, ne servant pas au transport des personnes, trouvées sur les routes nationales, les routes départementales et les chemins de grande communication (Police du roulage).

L. 30 mai 1851, art. 2, § 1, n° 4, et art. 3 et 7, et décr. du 10 août 1852, art. 16.

Amende de 6 à 15 fr. contre le propriétaire de la voiture et amende de 1 à 5 fr. contre le conducteur.

Récidive : même pénalité.

DÉFAUT de plaque (en métal, portant en caractères apparents le nom et le domicile du propriétaire et clouée en avant de la roue et au côté gauche de la voiture) aux voitures, en marche, ne servant pas au transport des personnes, trouvées sur des chemins de petite vicinalité.

Décr. 23 juin 1806, art. 34; C. Pén., art. 475, n° 3, et 476.
Amende de 6 à 10 fr. et, suivant les cas, emprisonnement de 1 à 3 jours contre le conducteur.
Récidive : emprisonnement de 1 à 5 jours (C. Pén., art. 478).

Sont dispensées de la plaque :
Les voitures particulières destinées au transport des personnes, mais étrangères au service des messageries ; — Les malles-postes et autres voitures appartenant à l'administration des postes ; — Les voitures employées à la culture des terres, au transport des récoltes, à l'exploitation des fermes, qui se rendent de la ferme aux champs ou des champs à la ferme, ou qui servent au transport des objets récoltés du lieu où ils ont été recueillis à celui où, pour les conserver ou les manipuler, le cultivateur les dépose ou les rassemble.
Le tribunal de police est incompétent pour connaître des contraventions résultant du manque de plaque, à une voiture de messagerie.

STATIONNEMENT sans nécessité sur quelques chemins ou routes que ce soit de chevaux, bêtes de trait, de charge ou de monture.

C. Pén., art. 471, n° 4.
Amende de 1 à 5 fr.
Récidive : emprisonnement de 1 à 3 jours (C. Pén , art. 474).

STATIONNEMENT sans nécessité de voitures attelées ou non attelées :
1° Sur les routes nationales, les routes départementales ou les chemins de grande communication (Police du roulage).

L. 30 mai 1851, art. 2, § 2, n° 5, et art. 5, et décr. du 10 août 1852, art. 10.
Amende de 6 à 10 fr. et emprisonnement de 1 à 3 jours.
Récidive : amende de 1 à 15 fr. et emprisonnement de 1 à 5 jours (L. 30 mai 1851, art. 5).

2° Sur des chemins dépendant de la petite vicinalité.

C. Pén., art. 471, n° 4.
Amende de 1 à 5 fr.
Récidive : emprisonnement de 1 à 3 jours (C. Pén., art. 474).

Si la voiture attelée, stationnant sans nécessité, était abandonnée, il y aurait lieu d'appliquer deux peines, celle édictée par les articles ci-dessus et celle encourue pour abandon.

Le tribunal de police serait incompétent s'il s'agissait d'une voiture de messagerie stationnant sur une route nationale, une route départementale ou un chemin de grande communication.

Fait de ne s'être pas rangé à sa droite à l'approche d'une autre voiture, de manière à lui laisser libre au moins la moitié de la chaussée, par un conducteur de voiture ne servant pas au transport des personnes :

1° Sur une route nationale, départementale ou un chemin de grande communication.

L. 30 mai 1851, art. 2, § 2, n° 5, et art. 5, et décr. 10 août 1852, art. 9.

Amende de 6 à 10 fr. et emprisonnement de 1 à 3 jours.

Récidive : amende de 1 à 15 fr. et emprisonnement de 1 à 5 jours (L. 30 mai 1851, art. 5).

2° Par un conducteur de voiture particulière servant au transport des personnes, sur une route nationale, départementale ou un chemin de grande communication.

Ou par un conducteur de voiture quelconque sur un chemin dépendant de la petite vicinalité.

Décr. 28 août 1808, et C. Pén., art. 475, n° 3, et 476.

Amende de 6 à 10 fr. et, emprisonnement de 1 à 3 jours.

Récidive : emprisonnement de 1 à 5 jours (C. Pén., art. 478).

Le tribunal de police serait incompétent s'il s'agissait d'une voiture de messagerie sur une route nationale, départementale ou de grande communication.

Contravention sur une route nationale, une route départementale ou un chemin de grande communication aux dispositions suivantes (Police du roulage) :

Lorsque plusieurs voitures marchent à la suite les unes des autres, elles doivent être distribuées en convois de quatre voitures au plus si elles sont à quatre roues ou attelées d'un seul cheval, de trois voitures au plus si elles sont attelées d'un seul cheval et à deux roues, et de deux voitures au plus si l'une d'elles est attelée de plus d'un cheval.

L'intervalle d'un convoi à l'autre ne peut être moindre de 50 mètres.

Il est interdit de faire conduire par un seul conducteur plus de quatre voitures à un cheval, si elles sont à quatre roues, et plus de trois voitures à un cheval, si elles sont à deux roues.

Chaque voiture attelée de plus d'un cheval doit avoir un conducteur ; — toutefois, une voiture dont le cheval est attaché derrière une voiture attelée de quatre chevaux au plus, n'a pas besoin d'un conducteur particulier.

L. 30 mai 1851, art. 2, § 2, n° 4. et art. 5, et décr. du 10 août 1852, art. 13 et 14.

Amende de 6 à 10 fr. et emprisonnement de 1 à 3 jours.

Récidive : amende de 11 à 15 fr. et emprisonnement de 1 à 5 jours.

CONTRAVENTION, sur des routes ou chemins dépendant de la petite vicinalité, aux ordonnances et règlements ayant pour objet : la solidité des voitures publiques, leur poids, le mode de leur chargement, le nombre et la sûreté des voyageurs, l'indication dans l'intérieur des voitures des places qu'elles contiennent et du prix des places, l'indication à l'extérieur du nom du propriétaire.

C. Pén., art. 475, n° 4 et 476.

Amende de 6 à 20 fr. et, suivant les cas, emprisonnement de 1 à 3 jours.

Récidive : emprisonnement de 1 à 5 jours (C. Pén., art. 478).

Si ces contraventions étaient commises sur une route nationale, une route départementale ou un chemin de grande communication, le tribunal de police serait incompétent.

FAIT d'avoir fait ou laissé courir des chevaux, bêtes de trait, de charge ou de monture, dans l'intérieur d'un lieu habité.

C. Pén., art. 475, n° 4 et 476.

Amende de 6 à 10 fr. et, suivant les cas, emprisonnement de 1 à 3 jours.

Récidive : emprisonnement de 1 à 5 jours (C. Pén., art. 478).

Le tribunal de police est compétent quelle que soit la route où la contravention a été commise — Il est incompétent si des blessures ont été faites.

CUMUL DES PEINES. — L'art. 365 du Code d'instruction criminelle, qui défend de cumuler les peines, en cas de conviction de plusieurs crimes ou délits antérieurs au jugement, n'est pas applicable en matière de simple police. — En conséquence les tribunaux de simple police doivent prononcer autant de condamnations distinctes qu'il y a de contraventions constatées. — V. *Étoffes, Travail des enfants.*

DEVINS. — Exercice du métier de deviner et pronostiquer ou d'expliquer les songes.

C. Pén., art. 479, n° 7, et 481.

Amende de 11 à 15 fr.; confiscation des instruments, ustensiles et costumes servant ou destinés à l'exercice du métier de devin, pronostiqueur ou interprète des songes; emprisonnement (seulement contre les interprètes de songes) de 1 à 5 jours.

Récidive : emprisonnement de 5 jours (C. Pén., art. 482.)

L'exercice du somnambulisme ou du magnétisme comme métier, le fait de tirer les cartes et de dire la bonne aventure, constituent la contravention. — Il faut toutefois, pour que les devins ou autres soient punissables, qu'ils fassent de leur prétendu art un métier habituel et qu'ils en retirent un lucre.

Le tribunal de police serait incompétent si les devins usaient de leur ascendant pour se faire remettre des sommes ou des valeurs appartenant à autrui.

DIMANCHES ET FÊTES. — Contraventions aux dispositions suivantes de la loi du 18 novembre 1814 :

Art. 1. Les travaux ordinaires seront interrompus, les dimanches et jours de fêtes reconnues par l'État.

Art. 2. En conséquence, il est défendu, lesdits jours :

Aux marchands d'étaler et de vendre les ais et volets des boutiques ouverts; aux colporteurs et étalagistes de colporter et d'exposer en vente leurs marchandises dans les rues et places publiques; aux artisans et ouvriers de travailler extérieurement et d'ouvrir leurs ateliers; aux charretiers et voituriers employés à des services locaux de faire des chargements dans les lieux publics de leurs domiciles.

Art. 3. Dans les villes dont la population est au-dessous de cinq mille âmes, ainsi que dans les bourgs et villages, il est défendu aux cabaretiers, marchands de vin, débitants de boissons, traiteurs, limonadiers, maîtres de paume et de billard, de tenir leurs maisons ouvertes, d'y donner à boire et à jouer lesdits jours, pendant les offices.

L. 18 nov. 1814.

Amende de 1 à 5 fr.

Récidive : amende de 1 à 15 fr. et emprisonnement de 1 à 5 jours (L. 18 nov. 1814, art. 6, et C. Pén., art. 465 et 466).

(Il y a récidive lorsqu'il aura été rendu contre le contrevenant, dans les 12 mois précédents, un premier jugement pour contravention à la même loi).

Les défenses ci-dessus ne sont pas applicables aux marchands de comestibles de toute nature, à moins qu'ils ne soient **cabaretiers, marchands de vin, débitants de boisson ou traiteurs;** — à tout ce qui tient au service de santé; — aux postes, messageries ou voitures publiques; — aux voitures de commerce par terre et par eau et aux voyageurs; — aux usines dont le service ne pourrait être interrompu sans dommages; — **aux** ventes usitées dans les foires et fêtes patronales et au débit **des** menues marchandises dans les communes rurales, hors le temps du service divin; — aux chargements des navires marchands et autres bâtiments du commerce maritime (art. 7 de la loi); — aux meuniers et aux ouvriers employés à la moisson **ou** autres récoltes, aux travaux urgents de l'agriculture, **aux** constructions et réparations motivées par un péril imminent, pourvu, dans ces deux derniers cas, que l'autorisation soit demandée à l'autorité municipale (art. 8 de la loi). L'autorité administrative peut étendre ces exceptions (art. 9 de la loi). Les fêtes légales sont : Noël, l'Ascension, l'Assomption et la Toussaint.

DIVAGATION. — Divagation de fous furieux ou d'animaux malfaisants ou féroces.

C. Pén., art. 475, n° 7.

Amende de 6 à 10 fr.

Récidive : emprisonnement de 1 à 5 jours (C. Pén., art. 478).

Les animaux méchants peuvent rentrer dans la classe des animaux malfaisants.

Le fait seul de la divagation de fous furieux, etc., constitue la contravention.

DOMMAGE AUX PROPRIÉTÉS MOBILIÈRES. — Fait d'avoir volontairement causé du dommage aux propriétés mobilières d'autrui hors les cas prévus depuis l'art. 434 jusques et y compris l'art. 462.

C. Pén., art. 479, n° 1.
Amende de 11 à 15 fr.
Récidive : emprisonnement de 5 jours (C. Pén., art. 482).

Il n'y aurait pas contravention si le dommage résultait de
l'imprudence. — Les art. 434 à 462 punissent l'incendie volontaire ou par imprudence. — La destruction d'édifices, de
parcs, de haies, fossés et bornes, d'instruments d'agriculture,
d'actes publics ou privés. — Les pillages et dégâts commis en
bandes et à force ouverte. — L'avarie volontaire de marchandises ou de matières servant à la fabrication. — La destruction
de récoltes sur pied, d'arbres, de greffes et de blés en les coupant. — Le fait de tuer des chevaux, bestiaux ou poissons dans
les étangs, ainsi que des animaux domestiques, sur le terrain
de leur propriétaire. — L'inondation, par toutes personnes
jouissant de moulins, des chemins ou propriétés d'autrui, par
l'élévation de leur déversoir, au-dessus de la hauteur déterminée
par l'autorité. — Les contraventions aux mesures prises contre
les épizooties. — V. *Animaux*, *Eaux*, *Jet*.

EAUX. — Inondation de l'héritage voisin ou transmission nui-
sible des eaux, hors le cas prévu par l'art. 457 du C. Pén.

L. 6 oct. 1791, art. 15, et L. 25 thermidor an IV, art. 2.
Amende n'excédant pas la valeur du dédommagement sans
qu'elle puisse être inférieure à la valeur de 3 journées de travail, et paiement du dommage.
Récidive : amende doublée (L. 6 oct. 1791, t. 2, art. 4 et L.
25 therm. an IV, art. 2).

L'art. 457 du C. Pén. prévoit le cas où l'inondation serait
causée par des personnes ayant la jouissance de moulins ou
chaussées, par suite de l'élévation de leurs déversoirs au-dessus
de la hauteur déterminée par l'autorité.

ÉCHENILLAGE. — Défaut d'écheniller dans les campagnes ou
jardins où ce soin est prescrit par les lois et règlements.

C. Pén., art. 471, n° 8.
Amende de 1 à 5 fr.
Récidive : emprisonnement de 3 jours (C. Pén., art. 474).

L'obligation d'écheniller existe, indépendamment de tout
arrêté municipal, en vertu de la loi du 25 vent. an IV.
L'échenillage n'est pas obligatoire dans les bois et forêts
(Cass., 19 juill. 1851).

ÉCLAIRAGE. — Défaut d'éclairage des auberges et autres lieux publics.

DÉFAUT d'éclairage de matériaux déposés ou d'excavations pratiquées sur les rues et places.

C. Pén., art. 471, n°° 3 et 4.
Amende de 1 à 5 fr.
Récidive : emprisonnement de 1 à 3 jours (C. Pén., art. 474).

Pour qu'il y ait contravention, il faut qu'un arrêté prescrive l'éclairage.

ÉTOFFES, BOBINAGE, TISSAGE. — Inobservation des articles suivants :
I. Loi du 7 mars 1850.
Art. 1. Tout fabricant, commissionnaire ou intermédiaire qui livrera des fils pour être tissés, sera tenu d'inscrire au moment de la livraison, sur un livret spécial appartenant à l'ouvrier et laissé entre ses mains : 1° le poids et la longueur de la chaîne; 2° le poids de la trame et le nombre de fils de trame à introduire par unité de surface de tissu ; 3° les longueur et largeur de la pièce à fabriquer; 4° le prix de façon soit au mètre de tissu fabriqué, soit au mètre de longueur ou au kilogramme de la trame introduite dans le tissu.
Art. 2. Tout fabricant, concessionnaire ou intermédiaire qui livrera des fils pour être bobinés sera tenu d'inscrire, sur un livret spécial appartenant à l'ouvrier et laissé entre ses mains, le poids brut et le poids net de la matière à travailler, le numéro du fil, le prix de la façon, soit au kilogramme de matière travaillée, soit au mètre de longueur de cette même matière.
II. Loi du 21 juillet 1856.
Art. 1. Tout fabricant, commissionnaire ou intermédiaire qui livre à un ouvrier une pièce de velours-coton pour être coupée est tenu d'inscrire au moment de la livraison, sur un livre spécial appartenant à l'ouvrier et laissé entre ses mains, les longueur, largeur et poids de la pièce à couper, le prix de façon au mètre de longueur.
Art. 2. Tout fabricant, commissionnaire ou intermédiaire qui livre à un ouvrier une pièce d'étoffe pour être teinte, blanchie ou apprêtée, est tenu d'inscrire au moment de la livraison, sur un livre spécial appartenant à l'ouvrier et laissé entre

ses mains, les longueur, largeur et poids de la pièce à teindre, blanchir ou apprêter, le prix de façon, soit au mètre de longueur de la pièce, soit au kilogramme de son poids.

III. Loi du 7 mars 1850 et loi du 21 juill. 1856 (articles communs).

Art. 3. Le prix de façon sera indiqué en monnaie légale sur le livret par le fabricant, commissionnaire ou intermédiaire; toute convention contraire sera mentionnée par lui sur le livret.

Art. 4. Le fabricant, commissionnaire ou intermédiaire, inscrira sur un registre d'ordre toutes les mentions portées au livret spécial de l'ouvrier.

Art. 5. Le fabricant, commissionnaire ou intermédiaire, tiendra constamment exposés aux regards, dans le lieu où se règlent habituellement les comptes entre lui et l'ouvrier, les instruments nécessaires à la vérification des poids et mesures, un exemplaire de la loi du 7 mars 1850 ou de la loi du 21 juillet 1856, en forme de placard.

L. 7 mars 1850, art. 8 et L. 21 juillet 1856, art. 3.
Amende de 11 à 15 fr.
Récidive : même pénalité et insertion du jugement dans un journal de la localité aux frais du condamné (L. 7 mars 1850, art. 9).
(Il y a récidive lorsqu'il aura été rendu contre le contrevenant un jugement pour contravention à la même loi, dans les 12 mois précédents).

EXCEPTION PRÉJUDICIELLE. — Si dans une instance, en réparation de délit ou contravention, le prévenu excipe d'un droit de propriété ou autre droit réel, le tribunal saisi de la plainte statuera sur l'incident en se conformant aux règles suivantes : L'exception préjudicielle ne sera admise qu'autant qu'elle sera fondée, soit sur un titre apparent, soit sur des faits de possession équivalents, personnels au prévenu et par lui articulés avec précision, et si le titre produit et les faits articulés sont de nature, dans les cas où ils seraient reconnus par l'autorité compétente, à ôter au fait qui sert de base aux poursuites tout caractère de délit ou de contravention.

Dans le cas de renvoi à fins civiles, le jugement fixera un bref délai dans lequel la partie qui aura élevé la question préjudicielle sera tenue de saisir les juges compétents de la connaissance du litige et justifier de ses diligences ; sinon il sera passé outre, etc. (C. For., art. 182).

FEUX. — Feux allumés dans les champs plus près que 50 toises des maisons, bruyères, vergers, haies, meules de grains, de paille ou de foin.

L. 6 oct. 1791, art. 10, et L. 25 therm. an IV, art. 2.
Amende de la valeur de 3 à 12 journées de travail, payement du dommage et, suivant les cas, emprisonnement de 3 jours.
Récidive : incompétence (L. 6 oct. 1791, tit. 2, art. 4, et L. 25 therm. an IV, art. 2).

Le tribunal de police serait incompétent :
Si la valeur de la journée de travail excédait 1 fr. 25 c. ;
Si le feu avait occasionné un incendie (C. Pén., art. 458) ;
Si le feu avait été allumé dans ou près les bois et forêts (C. For., art. 148).

Feux de cheminées. — V. *Fours.*

FORCE MAJEURE. — La force majeure est une excuse des contraventions (Cass., 23 juill. 1864) ; c'est à celui qui l'allègue à la prouver (Cass., 7 déc. 1855).

FOURS, CHEMINÉES, USINES. — Défaut d'entretien, de réparation ou de nettoyage des fours, cheminées ou usines où l'on fait usage du feu.

C. Pén., art. 471, n° 1.
Amende de 1 à 5 fr.
Récidive : emprisonnement de 1 à 3 jours (C. Pén., art. 474).

Il suffit, pour que l'art. 471, n° 1, soit applicable, qu'il y ait eu danger d'incendie par suite du défaut d'entretien.
L'incendie causé par le défaut d'entretien des cheminées est une contravention tombant sous l'application de l'art. 471, n° 1, s'il n'est résulté de cet incendie aucun dommage pour la propriété d'autrui.

FRAIS. — La partie qui succombe doit être condamnée aux frais, même envers la partie publique (C. Instr. cr., art. 162).

Les individus condamnés pour une même contravention ne sont pas tenus solidairement des frais (C. Pén., art. 55 ; Cass., 12 mai 1849), à moins qu'ils ne soient condamnés pour contravention à la loi du 6 oct. 1791, sur la police rurale (L. 6 oct. 1791, art. 3).

La condamnation aux frais doit être prononcée solidairement contre les personnes civilement responsables (Décr. 18 juin 1811, art. 156).

La partie civile est tenue des frais et elle doit en faire l'avance (*Ibid.*, art. 157 et 160).

Les restitutions, indemnités et frais entraînent la contrainte par corps (C. Pén., art. 467 et 469).

Les frais comprennent notamment : 1° les frais de timbre et d'enregistrement des procès-verbaux ; 2° les indemnités accordées aux témoins ; 3° le salaire des huissiers ; 4° les droits des greffiers ; 5° les ports de lettres ou paquets (Décr. 18 juin 1811, art. 2 ; L. 5 mai 1855, art. 18, etc.).

FRUITS. — Fruits cueillis ou mangés sur les lieux, sans autres circonstances prévues par les lois.

C. Pén., art. 471, n° 9.
Amende de 1 à 5 fr.
Récidive : emprisonnement de 1 à 3 jours (C. Pén., art. 474).

Si les fruits ont été emportés, c'est l'art. 475, n° 15, qui est applicable.

FRUITS cueillis et emportés (dérobés) sans aucune des circonstances prévues par l'art. 388 du C. Pén.

C. Pén., art. 475 n° 15.
Amende de 11 à 15 fr.
Récidive : emprisonnement de 1 à 5 jours (C. Pén., art. 478).

L'art. 388 du C. Pén. prévoit le vol des fruits non encore détachés du sol, soit avec paniers, sacs ou autres objets équivalents, soit la nuit, soit à l'aide de voitures ou d'animaux de charge, soit par plusieurs personnes.

FUMIERS, ENGRAIS. — Enlèvement, sans la permission du propriétaire, de fumiers, marnes ou autre engrais portés sur les terres, pourvu que le délinquant n'ait pas fait tourner lesdits engrais à son profit.

L. 6 oct. 1791, art. 33, et L. 23 therm. an IV, art. 2.
Amende de la valeur de 3 à 6 journées de travail et, suivant le cas, emprisonnement de 3 jours.
Récidive : incompétence (L. 6 oct. 1791, tit. 2, art. 4, et L. 23 therm. an IV, art. 2).

Le tribunal de police serait incompétent, si celui qui a enlevé les engrais se les étaient appropriés.

Dépôt de fumiers. — V. *Voie publique.*

GLANAGE, GRAPPILLAGE, RATELAGE. — Fait d'avoir glané, râtelé ou grappillé dans les champs non encore entièrement dépouillés et vides de leurs récoltes, ou avant le lever ou après le coucher du soleil.

C. Pén., art. 471, n° 10, et 473.
Amende de 1 à 5 fr. et, suivant les cas, emprisonnement de 1 à 3 jours.
Récidive : emprisonnement de 1 à 3 jours (C. Pén., art. 474).

Le glanage dans un champ ouvert, avant l'entier enlèvement de la récolte, lors même qu'il a eu lieu avec le consentement du propriétaire, est punissable, mais cette prohibition de glaner ne s'étend pas au propriétaire (Cass., 5 sept. 1855, 20 oct. 1849).

INJURES. — Injures simples, sans provocation.

C. Pén., art. 471, n° 11.
Amende de 1 à 5 fr.
Récidive : emprisonnement de 1 à 3 jours (C. Pén., art. 474).

Pour que le tribunal de police soit compétent, il faut que l'injure ne renferme pas l'imputation d'un vice particulier, et qu'elle ne soit pas publique (L 17 mai 1819).

Par suite, tombent sous l'application de cet article :

1° L'injure renfermant l'imputation d'un vice déterminé, mais qui n'est pas publique ;

2° L'injure qui est proférée publiquement, pourvu qu'elle ne renferme pas l'imputation d'un vice particulier.

Peu importe que l'injure soit faite verbalement ou par écrit, pourvu que cet écrit ne soit pas public.

La preuve des faits diffamatoires articulés contre de simples particuliers n'est pas recevable (Cass., 17 févr. 1870).

Les poursuites pour injures contre les particuliers ne peuvent avoir lieu qu'à la requête de la partie lésée (Cass., 22 avril 1864).

Le tribunal de police serait incompétent pour injures à un officier ministériel ou à un agent de la force publique dans l'exercice de ses fonctions (C. Pén., art. 224). — V. *Audience.*

INONDATION. — V. *Eaux*.

INSTRUCTION. — Instruction à l'audience.

L'instruction de chaque affaire est publique à peine de nullité. Elle se fait dans l'ordre suivant : Les procès-verbaux, s'il y en a, sont lus par le greffier ; les témoins, s'il en a été appelé par le ministère public ou la partie civile, sont entendus s'il y a lieu ; la partie civile prend ses conclusions. La personne citée propose sa défense et fait entendre ses témoins si elle en a amené ou fait citer, et si elle est recevable à les produire. Le ministère public résume l'affaire et donne ses conclusions. La partie citée peut proposer ses observations. Le tribunal prononce le jugement dans l'audience où l'instruction est terminée, et au plus tard dans l'audience suivante (C. Inst. crim., art. 153).

INSTRUCTION PRÉPARATOIRE. — Avant le jour de l'audience, le juge de paix peut, sur la réquisition du ministère public ou de la partie civile, estimer ou faire estimer les dommages, dresser ou faire dresser des procès-verbaux, faire ou ordonner tous actes requérant célérité (C. Inst. cr., art. 148). Le juge de paix doit être accompagné, dans les visites qu'il fait, par l'officier du ministère public et par le greffier.

JET. — Jet de choses pouvant nuire par leur chute ou par leurs exhalaisons insalubres. — V. *Choses insalubres et nuisibles*.

JET par imprudence d'immondices sur quelque personne.

C. Pén., art. 471, n° 12.
Amende de 1 à 5 fr.
Récidive : emprisonnement de 1 à 3 jours (C. Pén., art. 474).

Le jet, par un évier d'eaux sales qui atteignent un passant, constitue la contravention (Cass., 10 fév. 1848).

JET volontaire de pierres ou autres corps durs et d'immondices contre les maisons, etc., ou contre quelqu'un.

C. Pén., art. 475, n° 8, et 476.
Amende de 6 à 10 fr. et, suivant les cas, emprisonnement de 1 à 3 jours.
Récidive : emprisonnement de 1 à 5 jours (C. Pén., art. 478).

Le mot jet ne doit pas être pris à la lettre ; ainsi, le fait de barbouiller une porte d'ordures tombe sous l'application de l'art. 475, n° 8 (Cass., 13 mai 1831 et 16 mars 1843).

Si le jet d'immondices ou de pierres avait occasionné des blessures, le tribunal de police serait incompétent.

JEUX. — Fait d'établir ou tenir dans les rues, chemins, places ou lieux publics, les jeux de loterie ou autres jeux de hasard.

C. Pén., art. 475, n° 5, et 477.

Amende de 6 à 10 fr. et confiscation des tables, intruments, appareils des jeux ou des loteries.

Récidive : incompétence (C. Pén., art. 478).

La loi ne distingue pas entre les jeux où les enjeux sont de l'argent et ceux où les enjeux sont d'autres objets, tels que sucreries, porcelaines (Cass., 2 août 1855).

Les mots lieux publics comprennent les cafés (Cass., 14 nov. 1840).

L'écarté, le piquet, le bezigue, la mouche ne sont pas des jeux de hasard (Cass., 28 mai 1841 ; 2 avr. 1853 ; 8 janv. 1857 ; 8 févr. 1858 ; 31 juill. 1863).

JOURNÉE DE TRAVAIL. — La valeur de la journée de travail ne peut être au-dessous de 50 centimes, ni au-dessus de 1 fr. 50 centimes. — Elle est réglée dans toutes les communes à raison de leur importance et des avantages dont elles jouissent par les conseils généraux des départements sur la proposition des préfets (L. 23 juill. 1820, art. 28, et L. 21 avril 1832, art. 10).

La journée de travail qui détermine le montant de l'amende est celle applicable au lieu où la contravention a été commise (L. 18 therm., an III).

JUGEMENTS. — Les jugements sont :

1° Contradictoires, lorsqu'ils sont rendus après que le prévenu, comparaissant en personne ou par fondé de pouvoir, a présenté ses moyens de défense ;

2° Par défaut, lorsqu'ils sont rendus en l'absence du prévenu, quoique régulièrement cité, ou après refus par lui de s'expliquer.

Ils sont :

1° En premier ressort, lorsqu'ils prononcent l'emprisonnement ou des amendes, restitutions et autres réparations civiles excédant 5 francs, outre les dépens (C. Inst. cr., art. 172);

2° En dernier ressort, quand ils ne prononcent ni la peine de l'emprisonnement ni une condamnation à une somme excédant 5 francs en amendes, restitutions et autres réparations civiles (C. Inst. cr., art. 172).

Opposition. Les jugements par défaut peuvent être attaqués par voie d'opposition. — L'opposition peut être faite par déclaration ou réponse au bas de l'acte de signification, ou par acte notifié dans les trois jours de la signification, outre un jour par trois myriamètres; cette opposition emporte de plein droit citation à la première audience après l'expiration des délais, et elle est réputée non avenue, si l'opposant ne comparaît pas (C. Inst. cr., art. 151).

Appel. Les jugements en premier ressort, soit contradictoires, soit par défaut, peuvent être attaqués par la voie de l'appel dans les dix jours de la signification de la sentence à personne ou à domicile (C. Inst. cr., art. 174). — L'appel ne peut être interjeté par le ministère public; il est suspensif, excepté dans les cas de jugement rendu en exécution des art. 10 et 11 du Code de procédure civile (C. Inst. crim., art. 172).

Cassation. Les jugements soit contradictoires, soit par défaut, rendus en dernier ressort, peuvent être attaqués par la voie du recours en cassation, soit par le ministère public, soit par les parties (C. Inst. cr., art. 177). — Le délai de pourvoi est de trois jours francs à compter du jour de la sentence, lorsque le jugement est contradictoire, et de trois jours francs après le jour où le jugement est devenu définitif par l'expiration du délai d'opposition (délai qui ne court que du jour de la signification) si le jugement est par défaut (C. Inst. cr., art. 177 et 373; Cass., 5 déc. 1834). Le pourvoi en cassation doit être fait par déclaration au greffe (C. Inst. cr., art. 373).

Exécution des jugements. L'exécution des jugements de police est poursuivie par le ministère public près le tribunal de police (C. Inst. cr., art. 165). Toutefois, les amendes sont recouvrées à la diligence des receveurs de l'enregistrement (ord. 30 déc. 1823) et l'exécution des jugements condamnant à la prison est poursuivie par les procureurs de la République (C. Inst. cr., art. 178). — L'exécution des jugements de police peut avoir lieu : après le délai de recours en cassation si le jugement est contradictoire et en dernier ressort; après les délais d'opposition et de recours en cassation s'il est par défaut et en dernier ressort; enfin, après les délais d'appel s'il est en premier ressort.

LIVRETS D'OUVRIER. — Contravention aux articles suivants de la loi du 22 juin 1854 :

Art. 1. Les ouvriers de l'un et l'autre sexe attachés aux manufactures, fabriques, usines, mines, minières, carrières, chantiers, ateliers ou autres établissements industriels, ou travaillant chez eux pour un ou plusieurs patrons sont tenus de se munir d'un livret.

Art. 3. Les chefs ou directeurs des établissements spécifiés en l'art. 1er ne peuvent employer un ouvrier, soumis à l'obligation prescrite par cet article, s'il n'est porteur d'un livret en règle.

Art. 4. Si l'ouvrier est attaché à l'établissement, le chef ou directeur doit, au moment où il le reçoit, inscrire sur son livret la date de son entrée; il transcrit sur un registre non timbré qu'il doit tenir à cet effet, les nom, prénoms de l'ouvrier, les nom et domicile du chef de l'établissement qui l'aura employé précédemment, et le montant des avances dont l'ouvrier serait resté débiteur envers celui-ci. — Il inscrit sur le livret, à la sortie de l'ouvrier, la date de la sortie et l'acquit des engagements. — Il y ajoute, s'il y a lieu, le montant des avances dont l'ouvrier resterait débiteur envers lui, dans les limites fixées par la loi du 18 mai 1851.

Art. 5. Si l'ouvrier travaille habituellement pour plusieurs patrons, chaque patron inscrit sur le livret le jour où il lui confie de l'ouvrage, et transcrit sur le registre mentionné en l'article précédent, les nom et prénoms de l'ouvrier et son domicile. Lorsqu'il cesse d'employer l'ouvrier, il inscrit sur le livret l'acquit des engagements, sans aucune autre énonciation.

Art. 8. Dans tous les cas, il n'est fait sur le livret aucune annotation favorable ou défavorable à l'ouvrier.

L. 22 juin 1854, art. 1, 3, 4, 5 et 8 et art. 11.

Amende de 1 à 15 fr. et, suivant les cas, emprisonnement de 1 à 5 jours, sans préjudice des dommages et intérêts, s'il y a lieu.

Récidive : même pénalité.

Les patrons seuls peuvent être poursuivis (Cass., 18 juill. 1857).

Les domestiques, les serviteurs des cultivateurs et les apprentis, sont dispensés du livret (Cass., 21 janv. 1851. 9 fév. 1856).

MILITAIRES. — Le tribunal de police est incompétent pour contraventions commises par un militaire, à moins qu'il ne soit en congé ou poursuivi conjointement avec des individus non militaires (C. Just. militaire, art. 76 et 271).

MINEURS. — Le mineur âgé de moins de seize ans peut être acquitté si le juge déclare qu'il a agi sans discernement (C. Pén., art. 66; Cass., 7 juill. 1864).

Les mineurs qui, à raison de leur âge et à cause de leur défaut de discernement, ne sont pas condamnés à l'amende, n'en sont pas moins tenus, s'ils sont reconnus coupables d'une contravention, aux dommages-intérêts et aux frais, solidairement avec les personnes civilement responsables de leurs actions (Cass. 26 mars 1858 et 7 juill. 1864).

MINISTÈRE PUBLIC. — Les fonctions du ministère public sont remplies, près les tribunaux de police, par le commissaire de police du lieu où siége le tribunal, et, en cas d'empêchement du commissaire de police ou s'il n'y en a point, par le maire qui peut se faire remplacer par son adjoint (C. Inst. cr., art. 144).

MONNAIES. — V. *Refus.*

PACAGE. — Pacage d'animaux non gardés à vue sur le terrain d'autrui.

L. 6 oct. 1791, titre 2, art. 3 et 12, et L. 25 therm. an IV, art. 2.

Amende de la valeur de 3 journées de travail ou emprisonnement de 3 jours. — Payement du dommage à la charge de la personne ayant la jouissance des bestiaux, ou si elle est insolvable, à la charge du propriétaire desdits bestiaux.

Récidive : incompétence (L. 6 oct. 1791, tit. 2, art. 4, et L. 25 therm. an IV, art. 29).

Le tribunal de police serait incompétent : 1° si la contravention avait eu lieu la nuit (L. 6 oct. 1791, tit. 2, art. 4); 2° si les animaux étaient atteints d'une maladie contagieuse (C. Pén., art. 459 et 460); 3° s'ils étaient gardés à vue (L. 6 oct. 1791, tit. 2, art. 26).

PACAGE d'animaux, après la moisson, pendant les deux jours de la récolte :

1° Dans les champs ouverts, et de jour ;

L. 6 oct. 1791, tit. 2, art. 22, et L. 25 therm. an IV, art. 2.
Amende de la valeur de 3 journées de travail.
Récidive : amende de la valeur de 6 journées de travail (L. 6 oct. 1791, tit. 2, art. 4, et L. 25 therm. an IV, art. 2).

2° Dans les champs ouverts, et de nuit ;

L. 6 oct. 1791, tit. 2, art. 22, et L. 25 therm. an IV, art. 2.
Amende de la valeur de 6 journées de travail.
Récidive : amende de la valeur de 9 journées de travail (L. 6 oct. 1791, tit. 2, art. 4, et L. 25 therm. an IV, art. 2).

3° Dans un enclos rural, et de jour ;

L. 6 oct. 1791, tit. 2, art. 22, et L. 25 therm., an IV, art. 2.
Amende de la valeur de 6 journées de travail.
Récidive : amende de la valeur de 12 journées de travail (L. 6 oct. 1791, tit. 2, art. 4, et L. 25 therm. an IV, art. 2).

4° Dans un enclos rural, et de nuit.

L. 6 oct. 1791, tit. 2, art. 22 et 4, et L. 25 therm. an IV, art. 2.
Amende de la valeur de 12 journées de travail.
Récidive : amende de la valeur de 18 journées de travail (L. 6 oct. 1791, tit. 2, art. 4, et L. 25 therm. an IV, art. 2).

FAIT par un conducteur de bestiaux revenant de la foire ou les menant d'un lieu à un autre, même dans les pays de parcours et de vaine pâture, de laisser ces bestiaux pacager dans les terres des particuliers ou dans les communaux :
1° Sur un terrain qui n'est ni clos, ni ensemencé, ni chargé de récolte, et de jour ;

L. 6 oct. 1791, tit. 2, art. 25 et L. 25 therm. an IV, art. 2.
Amende de la valeur de 3 journées de travail et payement du dégât.
Récidive : amende de la valeur de 6 journées de travail (L. 6 oct. 1791, tit. 2, art. 4, et L. 25 therm. an IV, art. 2).

2° Sur un terrain qui n'est ni clos, ni ensemencé, ni chargé de récolte et de nuit ;

L. 6 oct. 1791, tit. 2, art. 25 et 4, et L. 25 therm. an IV, art. 2.
Amende de la valeur de 6 journées de travail et payement du dégât.
Récidive : amende de la valeur de 9 journées de travail (L. 6 oct. 1791, tit. 2, art. 4, et L. 25 therm. an IV, art. 2).

3° Sur un terrain clos, ou ensemencé, ou chargé de récolte, et de jour ;

L. 6 oct. 1791, tit. 2, art. 25 et L. 25 therm. an IV, art. 2.

Amende égale à la valeur du dédommagement sans qu'elle puisse être inférieure à la valeur de 3 journées de travail, et payement du dégât.

Récidive : amende doublée (L. 6 oct. 1791, tit. 2, art. 4, et L. 25 therm. an IV, art. 2).

4° Sur un terrain clos, ou ensemencé, ou chargé de récolte, et de nuit.

L. 6 oct. 1791, tit. 2, art. 25 et 4, et L. 25 therm. an IV, art. 2.

Amende égale à deux fois la somme du dédommagement sans qu'elle puisse être inférieure à la valeur de 3 journées de travail, et payement du dégât.

Récidive : Amende triplée (L. 6 oct. 1791, tit. 2, art. 4, et L. 25 therm. an IV, art. 2).

Le tribunal de police n'est compétent qu'autant que la somme produite par le montant des journées de travail fixant les amendes, n'excède pas 15 fr.

PARTIE CIVILE. — Toute personne qui se trouve lésée par une contravention, peut faire citer directement l'auteur de la contravention devant le tribunal de police (C. Inst. cr., art. 63 et 145), à la condition de déposer au greffe le montant présumé des frais.

La partie civile peut être condamnée à des dommages-intérêts envers le prévenu, si celui-ci est acquitté et en réclame (C. Inst. cr., art. 159).

PASSAGE. — Fait par ceux qui ne sont ni propriétaires, ni usufruitiers, ni locataires, ni fermiers jouissant d'un terrain ou d'un droit de passage, ou qui ne sont ni agents ni préposés d'aucune de ces personnes, d'avoir passé sur ce terrain :

1° S'il est préparé ou ensemencé ;

C. Pén., art. 471, n° 13.

Amende de 1 à 5 fr.

Récidive : emprisonnement de 1 à 3 jours (C. Pén., art. 474)

2° S'il est chargé de grains en tuyaux, de raisins ou autres fruits mûrs ou voisins de la maturité.

C. Pén., art. 475, n° 9.

Amende de 6 à 10 fr.

Récidive : emprisonnement de 1 à 5 jours (C. Pén., art. 478).

Un propriétaire enclavé qui passe sur le terrain d'autrui, afin d'enlever sa récolte, ne commet pas de contravention (Cass., 25 avril 1846).

Si le chemin public est impraticable, le fait de passer sur le champ voisin, ainsi que le permet la loi des 28 sept. et 6 oct. 1791, ne constitue pas une contravention (Cass., 21 juin 1844).

Le passage sur le terrain d'autrui ni préparé ni ensemencé n'est pas une contravention.

Fait d'avoir fait passer ou laissé passer des bestiaux, animaux de trait, de charge ou de monture sur le terrain d'autrui ensemencé ou chargé d'une récolte, en quelque saison que ce soit ou dans les bois taillis appartenant à autrui.

C. Pén., art. 475, n° 10.

Amende de 6 à 10 fr.

Récidive : emprisonnement de 1 à 5 jours (C. Pén., art. 478).

Le fait d'avoir laissé ou fait passer des bestiaux ou bêtes de trait sur le terrain d'autrui non préparé ni ensemencé ne constitue pas une contravention.

Les prairies sont considérées en tout temps comme terrain préparé ou ensemencé.

Fait d'avoir laissé passer des bestiaux ou bêtes de trait de charge ou de monture, sur le terrain d'autrui avant l'enlèvement de la récolte.

C. Pén., art. 471, n° 14.

Amende de 1 à 5 fr.

Récidive : emprisonnement de 1 à 3 jours (C. Pén., art. 474).

L'art. 471, n° 14, du Code Pénal ne prévoit que le cas où le passage a lieu après la récolte, mais avant son enlèvement.

Fait par un voyageur de déclore un champ, pour se faire un passage dans sa route, lorsque le chemin n'est pas impraticable :

1° Le jour ;

L. 6 oct. 1791, tit. 2, art. 44, et L. 25 therm. an IV, art. 2.

Amende de la valeur de 3 journées de travail et paiement du dommage.

Récidive : amende de la valeur de 3 journées de travail (L. 6 oct. 1791, tit. 2, art. 4, et L. 25 therm. an IV, art. 2).

2° La nuit.

L. 6 oct. 1791, tit. 2, art. 41, et L. 25 therm. an IV, art. 2.
Amende de la valeur de 6 journées de travail et payement du dommage.
Récidive : amende de la valeur de 6 journées de travail (L. 6 oct. 1791, tit. 2, art. 4, et L. 25 therm. an IV, art. 2).

Si le juge de paix déclare que le chemin est impraticable, le prévenu doit être renvoyé, et les frais doivent être mis à la charge de la commune (L. 5 oct. 1791, tit. 2, art. 41).

PIGEONS. — Fait d'avoir tué des pigeons, quand ils sont laissés en liberté et qu'aucun règlement administratif ne prescrit de les tenir enfermés.

C. Pén., art. 479, n° 1.
Amende de 11 à 15 fr.
Récidive : emprisonnement de 5 jours (C. Pén., art. 482).

. Si un arrêté du maire prescrit de tenir les pigeons enfermés, les pigeons en liberté sont regardés comme gibier et chacun a le droit de les tuer sur son terrain (L. 4 août-22 sept. 1789).
Un arrêt de la Cour de cassation du 1er août 1829 semble autoriser cependant le propriétaire d'un terrain à tuer sur ce terrain les pigeons qui viennent endommager ses récoltes, quand bien même il n'existe aucun arrêté administratif ordonnant de les tenir enfermés.

POIDS ET MESURES. — Emploi de poids ou de mesures différents de ceux établis par les lois.

C. Pén., art. 479, n° 6 ; 480, n° 3, et 481, n° 1.
Amende de 11 à 15 fr.; confiscation des poids et mesures différents de ceux que la loi a établis, et suivant les cas, emprisonnement de 1 à 5 jours.
Récidive : emprisonnement de 5 jours (C. Pén., art. 482).

L'art. 3 de la loi du 4 juillet 1837 proscrit tous poids et mesures autres que ceux établis par les lois des 18 germinal an III et 19 frimaire an VIII, constitutives du système métrique décimal.
Dans le cas où les poids et mesures seraient faux, le tribunal de police serait incompétent, soit qu'il s'agisse de poids de

l'ancien système, soit qu'il s'agisse de poids du système métrique (L. 27 mars 1851, art. 3).

PONTS. — V. *Bacs et bateaux.*

PRESCRIPTION. — Les contraventions se prescrivent par un an
à l'exception des délits ruraux qui se prescrivent par un
mois (C. Inst. cr., art. 640, et L. 6 oct. 1791, tit. 1, sect. VII,
art. 8).

La prescription court du jour où la contravention a été
commise (Cass., 25 mars 1850).

Le juge, doit d'office, faire bénéficier le prévenu des avantages de la prescription (Cass., 29 mai 1847).

PREUVES. — Les contraventions sont prouvées, soit par
procès-verbaux ou rapports, soit par témoins à défaut de
rapports et procès-verbaux et à leur appui (C. Inst. cr.,
art. 154).

Il résulte d'un arrêt de cassation du 7 avril 1809, que la
loi n'exige pas, pour qu'une contravention soit poursuivie
qu'elle soit constatée par procès-verbal et qu'à défaut de procès-
verbal, la partie civile ou le ministère public peut poursuivre
en énonçant, dans la citation donnée au prévenu, les faits à lui
reprochés. — V. *Procès-verbaux, Rapports.*

PROCÈS-VERBAUX. — Les maires et adjoints, dans leur commune, .

Les commissaires de police, dans la circonscription à eux
assignée , peuvent constater toutes les contraventions par
procès-verbaux, faisant foi jusqu'à preuve contraire, dispensés de l'affirmation, et qui doivent, à peine de nullité :·

1° Être écrits et signés par leur auteur;

2° Être enregistrés dans les trois jours de leur date, s'il s'agit
de contraventions à la police du roulage.

(C. Inst. cr., art. 9; L., 22 juill. 1837, art. 10 et 11.
décr. 17 janv. 1853, art. 2; L., 30 mai 1851, art. 15 et 18.)

Les officiers de gendarmerie et les gendarmes dans toute
l'étendue du territoire continental et colonial de la République française, peuvent constater toutes les contraventions,
excepté celles prévues par la loi du 13 novembre 1814 (inobservation des dimanches et fêtes), par procès-verbaux faisant

foi jusqu'à preuve contraire, dispensés de l'affirmation, et qui doivent, à peine de nullité :

1° Être écrits et signés par leur auteur;

2° Être enregistrés dans les trois jours de leur date, s'il s'agit de contraventions à la police du roulage.

(C. Inst. cr., art. 9; décr., 1er mars 1854, art. 1).

LES JUGES DE PAIX dans leur canton peuvent constater toutes les contraventions, excepté celles prévues par la loi du 13 novembre 1814 (inobservation des dimanches et fêtes), et les contraventions à la police du roulage; par procès-verbaux faisant foi jusqu'à preuve contraire, dispensés de l'affirmation, et qui doivent, à peine de nullité, être écrits et signés de leur auteur.

(C. Inst. cr., art. 9; L. 30 mai 1851, art. 15.)

LES GARDES CHAMPÊTRES dans leur commune peuvent constater les contraventions rurales, les contraventions aux règlements de police municipale, les contraventions forestières dans les bois où il n'y a pas de gardes et les contraventions à la police du roulage, par procès-verbaux faisant foi jusqu'à preuve contraire et qui doivent, à peine de nullité :

1° Être écrits par leur auteur ou par les juges de paix, suppléants du juge de paix, greffiers, maires, adjoints ou commissaires de police et signés par leur auteur après lecture;

2° Être affirmés devant le juge de paix ou devant le maire, dans les vingt-quatre heures, et s'il s'agit de contraventions à la police du roulage, dans les trois jours;

3° Être enregistrés dans les trois jours de leur date, s'il s'agit de contraventions à la police du roulage.

(C. Inst. cr., art. 16; L. 24 mai 1867, art. 20; L. 25 déc, 1790 et 5 janv. 1791; L. 23 therm., an IV, art. 1; L. 28 floréal, an X, art. 2; L. 30 mai 1851, art. 15 et 18.)

LES AGENTS VOYERS dans leur circonscription peuvent constater les contraventions de petite voirie, mais ailleurs que dans les villes et villages, et les contraventions à la police du roulage, par procès-verbaux faisant foi, jusqu'à preuve contraire, dispensés de l'affirmation à moins qu'ils ne constatent des contraventions à la police du roulage et qui doivent à peine de nullité :

1° Être écrits et signés par leur auteur ;

2° Être affirmés, s'il s'agit de contravention à la police du roulage, dans les trois jours, devant le juge de paix, ou devant le maire du domicile de l'agent voyer, ou devant le maire de la commune où a eu lieu la contravention ;

3° Être enregistrés dans les trois jours de leur date, s'il s'agit de contraventions à la police du roulage.

(L., 21 mai 1836 ; L. 30 mai 1851, art. 15 et 18 ; Cass., 23 janv. 1841.)

Les vérificateurs des poids et mesures, dans leur circonscription, peuvent constater les contraventions aux lois et règlements sur les poids et mesures et les contraventions à la police du roulage, par procès-verbaux faisant foi jusqu'à preuve contraire, et qui doivent, à peine de nullité :

1° Être écrits et signés par leur auteur ;

2° Être affirmés devant le maire du domicile du vérificateur ou devant le maire du lieu de la contravention dans les vingt-quatre heures, s'ils constatent des contraventions aux lois et règlements sur les poids et mesures, et devant le juge de paix ou devant le maire du domicile du vérificateur, ou devant le maire du lieu de la contravention, dans les trois jours, s'il s'agit de contraventions à la police du roulage ;

3° Et enregistrés dans les trois jours de leur date, s'il s'agit de contraventions à la police du roulage.

(Ord. 17 avril 1839 ; L. 30 mai 1851, art. 15 et 18.)

Les gardes particuliers des bois et forêts, dans les propriétés confiées à leur garde, peuvent constater les contraventions forestières par procès-verbaux faisant foi jusqu'à preuve contraire, et qui doivent, à peine de nullité :

1° Être signés de leur auteur après lecture ;

2° Être affirmés le lendemain de leur clôture, devant le juge de paix ou devant le maire du domicile du garde, ou le maire du lieu de la contravention.

(C. Inst. cr., art. 16 ; C. For., art. 165).

Les ingénieurs,

Les conducteurs des ponts et chaussées,

Les cantonniers chefs,

Les officiers de paix et les agents de police assermentés,

Les employés des contributions indirectes et les employés

D'OCTROI ayant le droit de verbaliser, tous dans les lieux confiés
à leur surveillance, peuvent constater les contraventions à la
police du roulage par procès-verbaux faisant foi jusqu'à
preuve contraire, et qui doivent, à peine de nullité :

1° Être écrits et signés par leur auteur ;

2° Être affirmés devant le juge de paix ou devant le maire
du domicile de l'agent ou le maire du lieu de la contravention
dans les trois jours ;

3° Être enregistrés dans les trois jours de leur date.

(L. 30 mai 1851, art. 15 et 18.)

LES INSPECTEURS DU TRAVAIL des enfants, dans les manufactures, dans les lieux soumis à leur surveillance, peuvent
constater les contraventions à la loi du 22 mars 1841 par procès-verbaux faisant foi jusqu'à preuve contraire, dispensés de
l'affirmation, et qui doivent, à peine de nullité, être écrits et
signés de leur auteur.

(L. 22 mars 1841).

LES OFFICIERS DE PORT, dans les lieux soumis à leur surveillance, peuvent constater les contraventions aux règlements
relatifs aux ports de mer par procès-verbaux faisant foi jusqu'à preuve contraire, dispensés de l'affirmation, et qui doivent,
à peine de nullité, être écrits et signés de leur auteur.

(L. 13 août 1790.)

LES GARDES DU GÉNIE ET LES GARDIENS DE BATTERIE, dans les
lieux soumis à leur surveillance, peuvent constater les contraventions causant du dommage aux places de guerre ou à leurs
dépendances par procès-verbaux faisant foi : ceux des gardes
du génie jusqu'à inscription de faux et ceux des gardiens de
batteries jusqu'à preuve contraire, et qui doivent, à peine de
nullité :

1° Être écrits et signés de leur auteur ;

2° Etre affirmés dans les vingt-quatre heures devant le juge
de paix ou devant le maire.

(L. 29 mars 1806 et 21 mai 1858 ; décret 10 août 1853,
art. 40.)

RAPPORTS. — Les officiers de paix, les inspecteurs de police,
les sergents de ville constatent souvent des contraventions
par des rapports ; ces rapports n'ont que la valeur de
simples attestations, ils sont exempts d'enregistrement, et

pour faire foi, ils ont besoin d'être appuyés du témoignage de leur auteur (Cass., 6 févr. 1840).

RÉCIDIVE. — En matière de simple police, il y a récidive, entraînant une augmentation de peine :

1° Quand il s'agit de contraventions prévues par les articles 471 et suivants du Code Pénal, si le contrevenant a dans les douze mois précédents subi un premier jugement, dans le ressort du même tribunal, pour faits prévus et réprimés par lesdits articles 471 et suivants (C. Pén., art. 483);

2° Quand il s'agit de contraventions prévues par le Code du 3 brumaire an IV, ou par les lois antérieures (notamment la loi du 6 octobre 1791 sur la police rurale), si un premier jugement a été rendu contre le contrevenant, pour pareil délit, dans les douze mois précédents et dans le ressort du même tribunal (Code du 3 brumaire an IV, art. 608);

3° Quand il s'agit de contraventions prévues par des lois postérieures au Code de brumaire an IV, mais antérieures au Code Pénal, si la loi qui prévoit la contravention renferme, quant à la récidive, une disposition particulière;

4° Enfin quand·il s'agit de contraventions forestières, si dans les douze mois précédents il a été rendu contre le contrevenant un premier jugement pour délit ou contravention forestière (C. Forestier, art. 201).

Il faut, pour constituer la récidive, que la seconde contravention ait été commise après un premier jugement ayant acquis l'autorité de la chose jugée (Cass., 14 août 1857).

RÉCOLTES. — Vol de récoltes sur pied. — V. *Fruits.*

REFUS. — Refus de recevoir les monnaies nationales.

C. Pén., art. 475, n° 11.
Amende de 6 à 10 fr.
Récidive : emprisonnement de 1 à 5 jours (C. Pén., art. 478).

Il faut pour qu'il y ait contravention :

1° Que les monnaies refusées aient un cours légal en France;

2° qu'elles ne soient ni fausses ni altérées; 3° enfin qu'elles soient proposées pour la valeur pour laquelle elles ont cours (Chauveau et Hélie).

La pièce de monnaie peut être refusée, si elle ne porte pas l'empreinte du souverain dont elle émane ou si elle est rognée.

REFUS de travaux nécessaires à l'exécution des jugements criminels (L. 22 germinal an IV).

REFUS de loger les exécuteurs (L. 18 juin 1811).

L. 22 germ. an IV, art. 1 et 2.
Emprisonnement de 3 jours.
Récidive : incompétence (L. 22 germ. an IV, art. 2).

Les réquisitions de travaux ou de logement doivent être faites par les procureurs généraux ou les procureurs de la République (L. 22 germ. an IV, art. 1).

REFUS, en cas de sinistre, de fournir des secours ou de faire certains travaux.

C. Pén., art. 475, n° 12.
Amende de 6 à 10 fr.
Récidive : emprisonnement de 1 à 5 jours (C. Pén., art. 478).

Pour qu'il y ait contravention, il faut : 1° réquisition régulière de l'autorité compétente ; 2° cas urgent ; 3° possibilité de prêter le secours ou de rendre le service requis ; 4° refus de le prêter (Chauveau et Hélie).
La réquisition peut n'être que verbale.

REFUS par un témoin de déposer.

C. Instr. cr., art. 80, 157 et 263.
Amende ne pouvant excéder 100 fr.
Condamnation à 10 fr. de dommages et intérêts envers le prévenu ou la partie civile qui a fait donner la citation, et aux frais de la nouvelle citation.

L'amende ci-dessus peut, malgré son élévation, être prononcée par le tribunal de police (Cass., 2 mars 1855). — V. *Témoins*.

REGISTRES. — Défaut de tenue ou refus de présentation de leurs registres, par les aubergistes, hôteliers, logeurs ou loueurs en garni.

C. Pén., art. 475, n° 2.
Amende de 6 à 10 fr.
Récidive : emprisonnement de 1 à 5 jours (C. Pén., art. 478).

Les personnes qui ont leur domicile habituel dans la commune doivent être, comme les personnes étrangères, inscrites sur les registres de la maison garnie où ils ont passé la nuit.

RÈGLEMENTS ADMINISTRATIFS. — Contravention aux règlements légalement faits par l'autorité administrative et aux règlements et arrêtés publiés par l'autorité municipale.

C. Pén., art. 471, n° 15.
Amende de 1 à 5 fr.
Récidive : emprisonnement de 1 à 3 jours (C. Pén., art. 474).

Les règlements ne conservent d'autorité qu'autant qu'ils statuent sur des objets qui n'ont été réglés ni par le Code Pénal, ni par aucune loi postérieure à 1789, et que leurs dispositions ne sont contraires à aucune disposition de la législation générale (Chauveau et Hélie).

L'autorité administrative ne peut, dans ses règlements, édicter d'autres peines que celles écrites dans la loi.

Les préfets ont le droit de faire des règlements qui sont obligatoires dans tout leur département (Cass., 23 avril 1835).

Les maires peuvent prendre des arrêtés qui sont obligatoires dans leur commune (L. 18 juillet 1837).

Les règlements et arrêtés doivent être publiés dans la forme ordinaire quand ils concernent l'universalité des habitants ; quant aux autres, il suffit de les notifier aux personnes qu'ils concernent (Cass., 9 mai 1844).

Les arrêtés municipaux sont obligatoires savoir : s'ils sont permanents, un mois après la remise de l'ampliation constatée par récépissé au sous-préfet; s'ils sont temporaires : immédiatement (L. 18 juillet 1837 ; Chauveau et Hélie).—V. *Échenillage, Conducteurs de voitures, Travaux des enfants, Voirie.*

RENVOI D'UN TRIBUNAL A UN AUTRE. — En matière de police, la Cour de cassation peut renvoyer la connaissance d'une affaire, d'un tribunal de police à un autre, pour cause de sûreté publique ou de suspicion légitime (C. Inst. cr., art. 542).

Les officiers chargés du ministère public peuvent se pourvoir immédiatement devant la Cour de cassation pour demander le renvoi pour cause de suspicion légitime; mais lorsqu'il s'agit d'une demande en renvoi pour cause de sûreté publique, ils sont tenus d'adresser leurs réclamations, leurs motifs et les pièces à l'appui au ministère de la justice, qui les transmet, s'il y a lieu, à la Cour de cassation (C. Inst. cr., art. 544).

RESPONSABILITÉ CIVILE. — Les personnes civilement responsables sont :

1° Le père et, après son décès, la mère, relativement aux contraventions commises par leurs enfants (C. Civ., art. 1384);

2° Les maîtres ou commettants, relativement aux contraventions commises par leurs domestiques ou préposés, quand ceux-ci commettent la contravention en exerçant les fonctions auxquelles ils sont employés (id.);

3° Les instituteurs et artisans, relativement aux contraventions commises par leurs élèves ou apprentis, quand ils sont sous leur surveillance (id.);

4° Les entrepreneurs de travaux, relativement aux contraventions commises par leurs ouvriers, dans l'exécution des travaux d'entreprise (C. Civ., art. 1797).

5° Les maris et tuteurs, relativement aux contraventions commises par leurs femmes ou leurs pupilles, mais en tant seulement qu'il s'agit de contraventions rurales prévues par la loi du 6 oct. 1791, ou de délits forestiers (L. 6 oct. 1791, art. 7, et C. For., art. 206).

En principe, l'amende étant une peine doit être appliquée seulement à celui qui a commis la contravention, et les personnes civilement responsables ne sont tenues que des frais et dommages et intérêts qui sont des réparations civiles.

Cependant, en matière de police du roulage, les propriétaires de voitures sont responsables des amendes, des dommages-intérêts et des frais prononcés contre la personne conduisant leur voiture (L. 30 mai 1851, art. 13).

Les personnes civilement responsables doivent être citées en même temps que les contrevenants.

ROULAGE. — Contraventions à la police du roulage. — V. *Conducteurs de voitures.*

TÉMOINS. — Ne peuvent être entendus comme témoins, sans cependant que leur audition entraîne la nullité de la procédure : les ascendants ou descendants, les frères et sœurs et alliés au même degré, la femme ou le mari de la personne prévenue (C. Inst. cr., art. 156).

Les témoins doivent prêter, à l'audience, serment de dire la vérité, rien que la vérité (C. Inst. cr., art. 155).

Les enfants âgés de moins de quinze ans sont entendus, mais ils ne prêtent pas serment (C. Inst. cr., art. 79).

La partie civile ne peut être entendue comme témoin.

Les témoins peuvent être appelés soit par avertissements, soit par citations. — Si, après citation, un témoin ne comparaît pas, il peut être condamné par le tribunal de police : sur un premier défaut, à une amende n'excédant pas 100 fr., et sur un second défaut, contraint par corps à venir déposer (C. Inst. cr., art. 80 et 157) ; il doit être, en outre, contraint à payer à a partie civile ou au prévenu qui l'a fait assigner, une somme de 10 fr., et à payer les frais de la nouvelle citation (C. Proc. civ., art. 263). — V. *Refus de déposer*.

Le juge peut baser sa décision sur la déposition d'un seul témoin, même lorsque ce témoin dépose des faits opposés à ceux énoncés dans un procès-verbal faisant foi jusqu'à preuve contraire.

Le faux témoin peut être condamné, séance tenante, par le tribunal de police : à un emprisonnement de un à trois ans et à une amende de 16 à 500 fr.; il peut, en outre, être privé pendant 5 ans au moins et 10 ans au plus, à compter du jour où il aurait subi sa peine : de l'exercice de tout ou partie des droits civiques, civils et de famille suivants : de vote et d'élection, — d'éligibilité, — d'être appelé ou nommé aux fonctions de juré ou autres fonctions publiques, ou aux emplois de l'administration, ou d'exercice du port d'armes, — de vote et de suffrage dans les délibérations de famille, — d'être tuteur, curateur, si ce n'est de ses enfants et sur l'avis seulement de la famille, — d'être expert ou employé comme témoin dans les actes, — de témoignage en justice autrement que pour y faire de simples déclarations. — Il peut encore être placé sous la surveillance de la haute police, pendant cinq ans au moins et dix ans au plus (C. Pén., art. 362 et 42, et C. Inst. cr., art. 505).

Si le faux témoin a reçu de l'argent, une récompense quelconque ou des promesses, il sera puni d'un emprisonnement de deux à cinq ans et d'une amende de 50 à 2,000 fr., et il pourra l'être encore des peines accessoires ci-dessus ; dans tous les cas, ce que le faux témoin aura reçu sera confisqué (C. Pén., art. 364, 362 et 42, et C. Inst. cr., art 505).

TISSAGE. — V. *Étoffes*.

TRAVAIL DES ENFANTS DANS LES MANUFACTURES. — Con-TRAVENTION aux articles suivants de la loi du 22 mars 1841 :

Art. 1. Les enfants ne pourront être employés que sous les

conditions déterminées par la présente loi : 1° dans les manufactures, usines et ateliers à moteur mécanique ou à feu continu et dans leurs dépendances ; 2° dans toute fabrique occupant plus de vingt ouvriers réunis en atelier.

Art. 2. Les enfants devront, pour être admis, avoir au moins huit ans ; de huit à douze ans, ils ne pourront être employés au travail effectif, plus de huit heures sur vingt-quatre heures divisées par un repos. — De douze à seize ans, ils ne pourront être employés au travail effectif plus de douze heures sur vingt-quatre heures divisées par des repos. — Ce travail ne pourra avoir lieu que de cinq heures du matin à neuf heures du soir.

Art. 3. Tout travail entre neuf heures du soir et cinq heures du matin sera considéré comme travail de nuit. — Tout travail de nuit est interdit pour les enfants au-dessous de treize ans. — Si la conséquence d'un chômage d'un moteur hydraulique ou des réparations urgentes l'exigent, les enfants au-dessous de treize ans pourront travailler la nuit, en comptant deux heures pour trois, entre neuf heures du soir et cinq heures du matin. — Un travail de nuit des enfants ayant plus de treize ans, pareillement supputé, sera toléré, s'il est reconnu indispensable dans les établissements à feu continu dont la marche ne peut pas être suspendue dans le cours de vingt-quatre heures.

Art. 4. Les enfants au-dessous de seize ans ne pourront être employés les dimanches et fêtes reconnues par la loi.

Art. 5. Nul enfant, âgé de moins de douze ans, ne pourra être admis qu'autant que ses parents ou tuteurs justifieront qu'il fréquente actuellement une des écoles publiques et privées existant dans la localité. — Tout enfant admis devra, jusqu'à l'âge de douze ans, suivre une école.

Art. 6. Les chefs d'établissement inscriront sur le livret de chaque enfant, la date de son entrée dans l'établissement et de sa sortie ; sur un registre spécial : l'âge, le nom, les prénoms, le lieu de naissance et le domicile de l'enfant, le temps pendant lequel il aurait suivi l'enseignement primaire, la date d'entrée et de sortie de l'établissement.

Art. 9. Les chefs d'établissement devront faire afficher dans chaque atelier, avec la présente loi et les règlements d'administration publique y relatifs, les règlements intérieurs qu'ils seront tenus de faire, pour en assurer l'exécution.

Contraventions aux règlements d'administration publique faits en vertu de la loi du 22 mars 1841.

L. 22 mars 1841, art. 12.
Amende de 1 à 15 fr.
Les contraventions qui résultent soit de l'admission des enfants au-dessous de l'âge, soit de l'excès de travail, donnent lieu à autant d'amendes qu'il y a d'enfants indûment admis ou employés, sans que ces amendes réunies puissent s'élever au-dessus de 200 fr.
Récidive : incompétence (L. 24 mai 1841, art. 12).
(Il y a récidive lorsqu'il aura été rendu contre le contrevenant, dans les douze mois précédents, un premier jugement pour contravention à la même loi ou aux règlements d'administration publique qu'elle autorise.)

Les règlements d'administration publique rendus en conformité de la loi du 22 mars 1841 peuvent :
1° Étendre à des manufactures, usines ou ateliers autres que ceux désignés ci-dessus, l'application des dispositions de la loi ;
2° Élever le minimum de l'âge et réduire la durée du travail déterminés dans les art. 2 et 3, à l'égard des genres d'industrie où le labeur des enfants excéderait leur force et compromettrait leur santé ;
3° Déterminer les fabriques où, pour cause de danger ou d'insalubrité, les enfants au-dessous de seize ans ne pourront être employés ;
4° Interdire aux enfants, dans les ateliers où ils sont admis, certains travaux dangereux ou nuisibles ;
5° Statuer sur les travaux indispensables, à tolérer de la part des enfants, les dimanches et fêtes, dans les usines à feu continu ;
6° Statuer sur les cas de travail de nuit prévus par l'art. 3 (L., 22 mars 1841, art. 7).

Ces règlements doivent :
1° Pourvoir aux mesures nécessaires à l'exécution de la loi ;
2° Assurer le maintien des bonnes mœurs et de la décence publique dans les ateliers, usines et manufactures ;
3° Assurer l'enseignement primaire et l'enseignement religieux des enfants ;
4° Empêcher à l'égard des enfants tous mauvais traitements et tout châtiment abusif ;

5° Assurer les conditions de salubrité et de sûreté nécessaires à la vie et à la santé des enfants (L. 22 mars 1841, art. 2).

Les fêtes légales sont : Noël, l'Ascension, l'Assomption et la Toussaint.

VOIE PUBLIQUE. — Embarras de la voie publique en y déposant ou en y laissant sans nécessité des matériaux ou des choses quelconques qui empêchent ou diminuent la sûreté du passage.

C. Pén., art. 471, n° 4.
Amende de 1 à 5 fr.
Récidive : emprisonnement de 1 à 3 jours (C. Pén., art. 474).

Pour qu'il y ait contravention, il faut que le dépôt ait été fait sans nécessité et qu'il empêche ou diminue la sûreté du passage.

La loi punit notamment : 1° le carrossier qui répare des voitures sur la rue (Cass., 2 juill. 1824) ; — 2° le maréchal ferrant qui ferre ou saigne des chevaux devant sa boutique (Cass., 30 frim., an XIII) ; — les marchands qui étalent leurs marchandises en dehors de leurs boutiques (Cass., 4 oct. 1823) ; — l'épicier qui fait brûler du café sur la voie publique (Cass , 18 therm., an V) ; — un dépôt de fumier ou de terre (Cass., 18 mai 1810).

VOIES DE FAIT ET VIOLENCES LÉGÈRES. — Contraventions commises par les auteurs de voies de fait et violences légères, pourvu qu'ils n'aient blessé ni frappé personne et qu'ils ne soient pas notés, d'après les dispositions de la loi du 19 juillet 1791, comme gens sans aveu, suspects ou malintentionnés.

L. 3 brum. an IV, art. 600 et 605.
Amende de la valeur de 1 à 3 journées de travail ou emprisonnement de 1 à 3 jours.
Récidive : incompétence (L. 3 brum. an IV, art. 607).

Le tribunal de police serait incompétent, si les auteurs des voies de fait étaient des gens sans aveu, suspects ou malintentionnés.

Sont réputés par la loi du 19 juill. 1791, art. 3 :

1° Gens sans aveu, ceux qui, étant en état de travailler, n'ont ni moyens de subsistance, ni métier, ni répondants ;

2° Gens suspects, ceux qui refusent toute déclaration ;

3° Gens malintentionnés, ceux qui sont convaincus d'avoir fait de fausses déclarations.

S'il y a eu provocation, le juge peut renvoyer le prévenu (Cass., 2 août 1866).

Les coups de pied et les soufflets constituent un délit justiciable des tribunaux correctionnels (Cass., 16 avril 1864).

VOIRIE. — Fait d'avoir négligé ou refusé d'exécuter les réglements ou arrêtés concernant la petite voirie, ou d'obéir à la sommation émanée de l'autorité administrative de réparer ou démolir les édifices menaçant ruine.

C. Pén., art. 471, n° 5.
Amende de 1 à 5 fr.
Récidive : emprisonnement de 1 à 3 jours (C. Pén., art. 474).

La voirie urbaine fait partie de la petite voirie; elle comprend les rues, quais, places, passages, ruelles et impasses des villes et bourgs.

Les rues et les quais qui sont le prolongement des routes, quoique faisant partie de la grande voirie, sont assujettis aux règlements locaux qui prescrivent des mesures de sûreté et autres.

C'est à l'autorité administrative à ordonner la démolition des édifices menaçant ruine.

Si le prévenu soutient que la construction que l'autorité administrative a condamnée n'est pas dans un état tel qu'elle doive être abattue, le juge de police doit surseoir jusqu'à ce que le conseil de préfecture ait statué (Cass., 1er déc. 1842); c'est en effet là une véritable question préjudicielle.

L'accessoire obligé de la peine pour contravention à l'art. 471, n° 5, est la démolition des constructions élevées malgré les règlements (C. Inst. cr., art. 161 ; Cass., 10 sept. 1831; édit de Henri IV de décembre 1607, et L., 19 juill. 1791, art. 8).

VOITURES. — V. *Conducteurs de voitures.*

VOL DE RÉCOLTES ET DE FRUITS. — V. *Fruits.*

VOLAILLES. — V. *Abandon, Pigeons.*

1867 — Paris.—Imprimerie de Cusset et Cᵉ, ..., rue Racine.

www.ingramcontent.com/pod-product-compliance
Ingram Content Group UK Ltd.
Pitfield, Milton Keynes, MK11 3LW, UK
UKHW021704130726
13696UKWH00004B/1634